다미주신경 이론으로 보는 발달 트라우마

사는 게 왜 이리 힘들지?

その生きづらさ、発達性トラウマ?

하나오카 테레사 치구사 저

백윤영미 · 장이정규 역

박영story

PREFACE

저자 머리말

나는 1960~70년대에 어린 시절을 보냈다. 당시 일본은 그리 풍요롭지는 않았지만 활력이 넘쳤고, 미래에는 무엇이든 점진적으로 성장할 것이라는 막연한 낙관의 분위기가 있었다.

1990년대 동시통역을 공부할 때 지도교수님이 경제에 대해 "아시아에는 경제 성장이나 유지는커녕 나빠지는 나라도 있다. 정말 놀라운 일이다"라고 말씀하셨을 때 나는 '그런 나라가 있어?'하며 놀랐을 정도였다. 그만큼 당시 일본에서는 무엇이든 성장하고 점점 나아지는 것을 당연하게 여겼다.

초등학교 6학년 때 나는 '21세기의 세계'라는 제목으로 그림을 그린 적이 있다. 오사카 만국박람회(1970년) 무렵, 어린 우리는 21세기가 되면 어떤 세상이 펼쳐질까, 가슴 설렜다. 우리는 해파리 같은 모습의 우주인과 악수하거나, 자유롭게 하늘을 나는 장치나, 버튼만 누르면 맛있는 음식이 쏟아지는 로봇, 모든 병을 치료하는 의료기기를 그렸다. 평화롭고 풍요로운 미래를 상상하며 가난한 사람 없이 모두가 활기차게 인생을 즐기는 시대가 오리라 믿었다.

하지만 21세기가 된 지금 현실은 어떤가? 의학과 과학은 확실히 발전했지만, 전쟁과 핵 위협, 빈곤, 난민, 인권 침해, 우울증과 중독을 비롯한 마음의 병이 만연하고, 은둔형 외톨이, 자살, 고독사 등 세계는 다양한 고뇌를 안고 있다. 어린 시절 내가 그렸던 모습과는 전혀 다르다. 서유럽을 따라잡고 앞서 나가기 위해 밤낮 없이 일했지만 주위를 둘러보니 젊은이들에게서 활기를 찾아보기 어렵다. 도대체 일본 사회에 무슨 일이 일어난 걸까?

이를 이해하기 위해서라도 내가 걸어온 길을 되돌아봐야겠다고 생각했다. 이것이 내가 심리학에 흥미를 갖게 된 계기이다. 그리고 내가 심리와 신경계의 활동에 관심을 두게 된 경위도 이야기하고 싶다. 참고로 나는 미국 대학원에서 문화인류학 석사과정을 마쳤고, 20~30대에 영어 동시통역사로 일했다.

PREFACE

역자

머리말

설명되지 않던 고통에 새로운 언어를 부여하며

저희 역자들과 함께 이 책을 미리 읽는 프로그램에 참여하셨던 예비 독자분으로부터 5개월 만에 불쑥 연락이 왔습니다.

"선생님, 그 책, 언제 나오나요? 저도 다시 읽고, 제가 만나는 사람들, 특히 어린 자녀들을 양육하는 부모님들께 꼭 전해주고 싶어요."

이 짧은 한마디에 이 책의 존재 이유와 가치가 오롯이 담겨 있다고 느꼈습니다. 그리고 이 책이 왜 지금 한국 독자들에게 필요한지, 그 절실한 목소리가 곧 임상 현장의 고민과 맞닿아 있음을 다시 한 번 깨달았습니다.

"저는 어릴 때 진짜 별일 없었어요. 부모님도 괜찮은 분들이었고요. 근데 왜 사는 게 이렇게 힘들까요? 늘 긴장되어 있고, 알 수 없는 공허감이나 무력감에 자주 휩싸여요. 차라리 엄청 큰일이라도 있었으면 그걸 해결하면 될 텐데... 도대체 제 문제를 뭐라고 설명해야 할지 모르겠어요." 제가 임상 현장에서 만나는 분들 중에는 더 이상 어떻게 해야 할지 모르겠다는 심정으로 호소하는 분들이 참 많습니다.

이처럼 겉으로는 '평범한 가정'에서 자란 것처럼 보이는 이들의 깊은 고통은 오랫동안 미스터리였습니다. 그러나 저희 역자들은 이분들의 고백이야말로 이 책이 다루는 발달 트라우마(Developmental Trauma)의 가장 명확한 증거임을 확신할 수 있었습니다.

심리치료 과정에서 발달 트라우마를 만나면, 마치 눈에 보이지 않던 만성 질환의 원인을 마침내 찾아낸 것 같은 깊은 안도감이 듭니다. 이 책을 번역하고 이 글을 쓰는 과정은 저희 역자들에게 그러한 안도와 재해석을 함께 경험한 여정이었습니다.

흔히들 트라우마를 갑작스러운 사고나 끔찍한 사건처럼 '일회적인 충격'으로만 생각합니다. 그러나 이 책은 우리의 삶을 규정하는 가장 강력한 트라우마는, 매일 숨 쉬는 공기처럼 우리를 감싸고 있던 미시적 트라우마(microtrauma)의 누적임을 깨닫게 합니다. 어린 시절의 양육 환경, 부모의 예측 불가능한 반응, 그리고 끊임없이 긴장해야 했던 일상의 순간들이 우리의 신경계에 깊이 새겨져, 성인이 된 후에도 삶의 모든 태도와 관계 맺기에 영향을 미치게 되는 것입니다.

이러한 '설명되지 않던 고통'을 개인의 나약함이나 성격 결함으로 치부하는 대신, 신경계의 발달적 취약성이라는 과학적이고 인간적인 언어로 이해하게 될 때, 비로소 진정한 치유의 문이 열립니다.

저자와 역자들의 치유 여정, SE라는 공통 분모 안에서

'신경계 기반의 치유'라는 이 책의 핵심 주제는 저자와 역자들 모두에게 삶의 궤적이자 전문성의 토대인 다미주신경 이론과 신체 기반 트라우마 치유(SE®)의 핵심원리입니다.

역자 장이정규는 현재 SE 트레이닝과 SP(Sensorimotor Psychotherapy) 트레이닝의 통역으로 한국 트라우마 치유 커뮤니티의 성장을 가까이에서 지원해 왔습니다. SE의 창시자인 피터 레빈 박사의 핵심 저서인《무언의 목소리》공역에도 참여했습니다. 백윤영미 또한 장이정규와 함께 2013년에 처음 SE를 경험했는데, 그때부터 2019년까지 한국파트너십연구소가 주최하는 '신체 자각을 통한 트라우마 치유(Trauma Healing through Body Self-Awareness, THBA)' 프로그램에 매년 참여하며 SE 여정을 계속했습니다. THBA는 임상 트라우마 치료 분야의 저명한 두 방법론인 SE와 시스템적 '가족세우기(FC)'를 융합한 독자적인 과정으로, 이 통합적인 경험을 통해 트라우마에 대한 이해와 치료 개입의 차원이 근본적으로 달라지는 것을 체감했습니다. 이 경험이 마중물이 되어 2020년 공식 SE 트레이닝에 입문하였고, 2023년에 SE 임상가(Somatic Experiencing Practitioner, SEP)가 되었습니다. SE를 통해 저희의 삶과 임상이 편안하고 깊어졌듯, 이 책이 독자분들의 삶에도 소중한 전환점이 되기를 바라는 마음으로 번역에 임했습니다.

10년 전, 한국 SE 트레이닝에 참여하는 어시스턴트 중 한 분으로 이 책의 저자인 테레사 선생님을 처음 만났을 때의 인상은 매우 특별했습니다. 따뜻하고 생글생글 웃는 얼굴로, 한마디라도 더 한국어로 소통하고자 서툰 한국말을 건네며 다가와 주셨습니다. 그 친근한 모습과 노력에서 친밀감과 작은 감동을 느꼈습니다. 그리고 2025년 현재 선생님은 트레이너로 성장하여 한국을 새롭게 만나게 되셨습니다. 최근 트레이닝을 준비하는 어시스턴트 미팅에서 선생님께서 하신 첫 마디는 감동이었습니다. 자신의 조상이 한국인들에게 저지른 잘못에 대해 사과하시며 “우리가 새로운 우정을 시작하길 바란다”고 하셨습니다. 개인의 치유를 넘어, 일본인으로서 역사와 사회적인 트라우마의 대물림을 치유 작업을 통해 씻어내고자 하는 테레사 선생님의 깊은 마음이 고스란히 느껴졌습니다.

저희 세 사람이 SE라는 공동 분모 속에서 함께 성장하고, 국경을 넘는 치유와 연대를 모색하며, 이제 이 책을 통해 한국 독자들과 만나게 되었다는 사실은 그 자체로 깊은 의미와 감동으로 다가옵니다. 트라우마는 고립 속에서 발생하지만, 치유는 안전한 관계와 연대 속에서 이루어진다는 진리를 이 번역 작업을 통해 다시 한 번 확인했습니다.

독자들과 미리 만난 소중한 경험

출판사의 전폭적인 지원 아래, 저희 역자들은 책이 나오기 전 독자들을 미리 만나보는 소중한 기회를 가졌습니다. ‘평범한 가정에 숨겨진 함정: 다미주신경 이론으로 풀어보는 발달 트라우마’라는 주제로 세 차례 북세미나를 진행하며 총 다섯 분의 예비 독자들과 함께 책의 내용을 깊이 있게 탐구했습니다.

겉으로 보이는 ‘평온함’ 뒤에 숨겨진 미시적 트라우마의 고통이 얼마나 보편적인지를 확인하는 시간이었습니다. 번역본을 읽으며 눈물을 흘리고, ‘드디어 내 고통을 설명하는 언어를 찾았다’고 고백하는 참가자들의 피드백에 저희는 번역 작업에 큰 확신과 책임감을 느꼈습니다. 소중한 예비 독자님들의 목소리를 통해, 이 책이 한국 사회에 던질 치유의 물결을 미리 경험할 수 있었습니다. 이 자리를 빌려, 귀한 시간과 통찰을 나눠 주고 이 책의 완성도를 높이는 데 결정적인 도움을 주신 다섯 분의 예비 독자님들께 진심으로 감사의 마음을 전합니다. 아울러, 《무언의 목소리》에 이어 이 책의 출간을 흔쾌히 결정해주시고, 번역 과정 내내 세심한 지원을 아끼지 않으신 박영스토리와 편집부에도 깊은 감사를 전합니다. 그리고 무엇보다, 저희 두 사람을 믿고 이 귀한 책의 번역을 맡겨 주신 저자 테레사 선생님께 큰 감사를 드립니다.

온전함으로 향하는 안내서

번역 작업을 하는 동안 저희는 저자께서 내담자를 대하는 듯 독자들을 위해 고심한 흔적을 여러 곳에서 발견할 수 있었습니다. 특히, 트라우마 때문에 고통받는 이의 삶의 여정은 '마이너스 100에서 시작해 10까지 왔다면, 이는 단순한 10이 아니라 110만큼의 위대한 성취'라는 비유는 번역자의 마음에 지울 수 없는 위로로 남았습니다.

치유는 우리 안에 상처 입지 않고 언제나 온전하게 존재하는 본래적인 자기를 인식하고, 끊임없이 활성화되던 신경계를 진정시키며, 삶의 모든 순간에 '지금, 여기, 안전하다'는 감각을 재학습하는 것입니다. 이 책은 구체적인 신체 기반의 활동을 제시하며 독자들이 겪는 만성적인 긴장과 공포로부터 벗어나도록 실질적인 도움을 줄 것입니다.

저희는 이 책이 발달 트라우마를 겪은 분들은 물론, 다음 세대에게 이 고통을 대물림 하지 않기 위해 고군분투하는 모든 이들에게 용기와 희망을 전해 주기를 간절히 바랍니다. 개인의 치유 경험을 넘어, 서로의 트라우마를 이해하고 존중하는 더 넓은 연대를 통해 우리 사회에 치유의 물결이 퍼져 나가기를 소망합니다.

이 책을 통해 독자 여러분의 신경계가 편안해지고, 설명할 수 없던 고통에 자신만의 새로운 언어를 부여하는 평화로운 여정을 시작하시기를 기원합니다.

2025년 가을

역자 백윤영미, 장이정규 드림

INTRODUCTION

들어가며

최근 일본에서는 '살기 힘들다'라는 말이 많이 들린다. 경제적으로 어렵거나 큰 병에 걸린 것도 아닌데 왠지 마음이 편치 않고 답답하고 울적한 기분을 느끼는 이들이 지금 아주 많은 것 같다. 마음에 그리던 인생과 현실의 차이에 실망하고 고민하는 사람도 많고, 그러다 사회와의 접점을 잃고 좀처럼 사회에 나올 수 없게 된, 소위 '은둔형 외톨이'라고 불리는 이도 많아져 사회문제가 되고 있다.

내무부 조사를 보면 2018년 15~39세에는 54만 명이, 40~64세에는 61만 명이 은둔형 외톨이라고 한다. 일본에 100만 명이 넘는 은둔형 외톨이가 있다는 것이다. 심지어 연간 자살자 수는 2만 명, 고독사자는 3만 명이라고 한다.*

그리고 여기 일본 청년의 자기 긍정감에 관한 흥미로운 연구가 있다. 세계 7개국의 청년과 비교했을 때 일본 청년의 자기 긍정감이 매우 낮았다. 자기 긍정감이란 '나 자신에게 만족한다', '내 상태가 좋다고 생

* 역자주: 2023년 기준, 한국에서는 19~34세 청년 약 48만 7천 명이 은둔·고립 상태로 추정되며, 자살자는 13,978명, 고독사자는 3,661명(자살자 하루 평균 38.3명, 고독사자 하루 평균 10.0명)으로 나타났다(보건복지부·통계청, 2023~2024).

각한다'라고 느끼는 것이다. 또 중고생을 대상으로 한 자존감 조사에서도 자신을 존귀한 존재라고 생각하고 있는 아이가 예상외로 적다는 결과가 나왔다.

더 호기심이 생기는 보고도 있다. 유니세프(국제연합아동기금)는 2020년 9월 선진국 어린이의 행복도 순위를 발표했다. 유니세프 보고서 「리포트 카드」를 보면 일본 어린이는 선진 38개국 중 신체 건강 면에서는 1위이지만 행복도에서는 37위로 최하위에 가까운 결과를 보였다. 그리고 학력의 지표인 수학·독해력에서 기초적인 숙련도에 이른 어린이의 비율에서 일본은 상위 5위 안에 들지만, 사회적 기술을 보면 '친구를 쉽게 사귄다.'라고 대답한 아이의 비율은 칠레에 이어 두 번째로 낮고, 30% 이상은 그렇게 생각하지 않는다고 답했다. 여기서 경제적으로 안정되어 아이들이 신체적으로는 건강하고 학력도 높지만 인간관계가 어렵고 행복감이 낮은 일본의 현실을 볼 수 있다.

그럼, 지금 일본에서는 왜 어린이나 청년이 활기차게 살기 힘든 걸까? 왜 이렇게 많은 사람이 자기 목숨을 끊는 걸까? 그리고 왜 더 많은 수의 사람이 결정적으로 불행하지도 않고, 당장 생명의 위험이 있는 것도 아닌데도 행복하지 않은 나날을 보내고 있는 걸까? 어떻게 하면 이 살기 힘들다는 느낌에서 벗어나 건강하고 나답게 살 수 있을까?

이 책에서는 신경계의 작용에서 그 답을 찾아보려 한다. 20세기 말에서 21세기에 걸쳐 우리는 그 열쇠가 우리 신경계에 있다는 것을 알게 되었기 때문이다.

CONTENTS

차 례

PART 01
부적절한 양육, 삶이 힘들다

PART 02
신경계와 다미주신경 이론

PART 03
트라우마로부터의 해방

사는 게
왜 이리
힘들지?

다미주신경 이론으로 보는 발달 트라우마

PART 01

부적절한 양육,
삶이 힘들다

CHAPTER 01

왜 살기 힘든가?

다양한 국제회의에서 전 세계 VIP들을 만나고 최첨단 지식을 접할 수 있는 회의통역사 일은 무척 짜릿했다. 그러나 한편으로는 심한 스트레스에 노출되는 일이기도 했다. 아무리 노력해도 성취감이 적었고, 늘 '이 정도로는 부족하다'는 생각에 사로잡혀 있었다. 무심코 남과 비교하다 보니 내 능력이 부족하다고 느껴져 불안하고 초조했다.

또 편두통, 현기증, 메스꺼움, 천식, 심한 어깨 결림, 수족냉증, 갑작스러운 복통, 계속되는 변비나 갑작스러운 설사, 악몽으로 인한 불면증 등 다양한 신체 증상 등도 고민이었다. 감기나 독감, 노로바이러스에도 쉽게 감염되었다. 한번 감염되면 고열과 심한 증세에 시달렸고 회복도 더뎠다. 회복 후에도 체력이 현저히 떨어져 심신이 좋지 않은 날들이 계속되었다.

약 30년 전, 당시 근처에 단골 의사가 있었다. 복통이나 현기증으로 진찰받으면 처음에는 여러 가지 약을 처방해 주었다. 하지만 2~3년 지나자 어떤 증상으로 진찰을 받아도 처방약이 대체로 비슷하다는 것을 깨달았다. 당시에는 처방약의 성분을 자세히 설명해주지 않았는데, 인터넷 검색 결과 그 약들이 항불안제, 수면 유도제, 신경 안정제라는 것을 알게 되었다. 머리가 아프든 배가 아프든, 처방된 약은 마음을 위한 것이었다. 나는 내 마음에 문제가 있다고는 생각하지 않았기에 이 사실을 알고 크게 놀랐다.

당시 나는 '이 두통만 나으면 다시 건강하게 일할 수 있을 것'이라거나 '현기증만 나으면 내일부터 일에 지장이 없을 것'이라고 생각했다. 하지만 실제로는 내 몸이 스트레스의 영향을 심하게 받고 있었던 것 같다. 근본적인 정신적 문제와 마음의 상태를 해결하지 않으면 상황이 변하지 않는다는 것을 어느 순간 깨닫게 되었고, 그때부터 점차 심리학에 관심을 두게 되었다.

이 과정에서 깨달은 중요한 사실이 있었다. 바로 내가 자란 가정환경에 문제가 있었다는 점이다.

'평범한 가정'에 숨은 함정

나는 교외의 이른바 중산층 가정에서 자랐다. 부모님의 맞벌이로 부자는 아니었지만, 가전제품 같은 걸 남들보다 빠르게 사는 등 경제적으로는 조금 여유가 있었던 것 같다. 학원도 다녔고, 사치스럽진 않았어도 겉으로 보기에는 복 받은 생활을 했다. 그래서 주위에서 보면 별 문제 없이 사는 것처럼 보였을 것이다.

하지만 나는 가족의 편향된 가치관에 시달리고 있었다. 할머니와 부모님은 모든 것을 등수로 평가하고 우열을 따지며 남과 비교하고 경쟁하는 것을 미덕으로 여겼다. 게다가 학력에 대한 편견이 강했다. 학교에도 등급이 있고, 아이의 가치도 공부를 잘하는지 아닌지로 판단했다. 사람도 명품과 싸구려로 나뉘고, 명품 외에는 가치가 없다는 가치관을 암묵적으로 갖고 있었다.

그런 환경에서 나는 할머니나 부모님에게 가치가 없다고 여겨질까 불안에 휩싸여 공부했다. 행복이 무엇이고 나는 어떻게 살아야 행복할지 곰곰이 생각할 틈도 없이, 고도의 영어 실력과 전문 지식이 필요한 동시통역가의 세계에 빠져들었다.

당시의 나는 휴식의 중요성, 인생을 즐기는 법, 동료와의 시간을 소중히 여기는 것, 심신의 건강을 돌보는 일이 얼마나 중요한지 몰랐다. 자존감은 지나치게 낮았고 불건강한 자존심만 강했다. 알겠지만, 이런 상태로 건강하게 일을 계속할 수 없었다.

나는 동시통역사로 일하면서 가끔 심한 신체증상으로 앓아 누었다. 수입과 사회적 지위가 있어 주위에서 부러워할 만한 생활이었을지 모르지만, 나는 전혀 행복하지 않았고 불안에 휩싸여 있었다. 그 심신 불안정의 원인을 알고 싶어 심리학책을 많이 탐독했다. '도둑 잡으러 갔다가 도둑 된다'는 말처럼, 공부를 거듭하다 보니 나는 어느새 심리 상담가가 되어 있었다. 그럼에도 아직 확실한 답을 얻지 못해 탐구의 여정은 계속 되었다.

그러던 중 부모와 자식 사이의 애착이나 어린 시절의 역경이 심리에 미치는 영향에 대해 여러 가지를 배우게 되었다. 이러한 공부를 통해 나는 내가 어렸을 때 겪었던 것이 '부적절한 양육'이었고, 그 결과 '발달 트라우마'를 갖게 되었다는 점을 깨닫게 되었다.

부적절한 양육이란 간단히 말해 아이를 바람직하지 않은 방식으로 키우는 것을 의미한다. 이러한 양육은 아이의 심신에 다양한 악영향을 미치며, 성장 과정에서 생기는 이런 트라우마를 '발달 트라우마'라고 한다. 부적절한 양육이 왜 발달 트라우마로 이어지는 걸까? 발달 트라우마의 증상은 무엇이고, 어떻게 개선할 수 있나? 나는 이 질문들의 답을 찾기 위해 국내외 문헌을 닥치는 대로 찾아보았다.

다미주신경 이론과의 만남

여러 문헌을 섭렵하는 가운데서 S. W. 포제스 박사의 '다미주신경 이론'을 만났다. 이 이론을 접하고 나서야 내가 왜 그렇게 힘들었고 건강하지 못했는지가 명확하게 설명되었다.

이 책에서는 이 다미주신경 이론을 기반으로 부적절한 양육을 받은 사람의 신경계가 어떻게 발달하는지, 발달 트라우마의 본질과 그 부정적 영향, 그리고 이를 해결하는 방법들을 상세히 설명할 것이다.

CHAPTER 02

부적절한 양육과 발달 트라우마

부적절한 양육이란?

다미주신경 이론과 신경계에 대해 설명하기 전에 적절한 양육이란 무엇인지, 부적절한 양육은 어떤 것인지, 그리고 이에 따라 생겨나는 발달 트라우마는 무엇이고 어떤 상태인지 먼저 살펴보자. 이 책에서는 알기 쉽게 아이를 기르는 역할을 하는 사람 전반을 '부모'로 부르기로 한다. 여기에는 아버지, 어머니는 물론 할아버지, 할머니, 양부모 등 모든 양육자가 포함된다.

부적절한 양육은 '아동학대'라고도 불린다. 세계보건기구(WHO)에서도 '아동학대(Child Maltreatment)'로 정의하고 있다. 소아 정신신경학자 토모다 아케미는 이에 관한 상세한 내용을 담은 책을 출판한 바 있다. 이 책에서는 '부적절한 양육'이라는 용어를 사용하고자 한다.

부적절한 양육이란 말 그대로 아이를 적절하지 않은 방식으로 키우는 것을 의미한다. 아이의 건강한 발달을 위해서는 젖을 먹이고 목욕을 시키거나 기저귀를 갈아주는 등의 기본적인 돌봄과 함께 '안전하다'고 느끼게 해주는 따뜻한 상호작용이 필요하고, 성장의 과정에서 적절한 본보기를 보여 주는 것이 매우 중요하다. 그러한 요소들이 적절히 제공되지 않을 때 부적절한 양육이 될 위험이 있다.

발달 트라우마란?

발달 트라우마는 아이의 성장 과정에서 일어나는 트라우마를 말한다. 전문적으로는 유소년기의 만성적인 트라우마에 인해 생기는 심신의 불편함을 '발달 트라우마 장애'라고 부른다. 발달 트라우마의 원인으로는 부적절한 양육이나 학대가 있을 수 있고, 자신의 질병이나 사고, 의료 조치, 가족의 질병이나 사고, 장기 입원, 가족 중 특별한 보살핌을 필요한 이가 있어 부모에게 충분한 사랑을 받지 못한 경우 등 다양하다. 최근 주목받고 있는 '애착장애'도 발달 트라우마 장애의 하나라고 볼 수 있다. 부모와의 애착이 제대로 형성되지 못해 심신이나 행동에 다양한 문제가 생기는 상태를 애착장애라고 부르는 전문가도 있다. 또한 어린 시절 힘든 일을 반복해서 겪고 생기는 PTSD는 '복합 PTSD'라고도 한다.

PTSD, 즉 '외상 후 스트레스 장애'는 전쟁, 재해, 사고, 사건 등 생명의 위기를 느끼는 충격적인 일을 겪은 후 그 장면이 연상되는 장소나 상황을 피하거나, 항상 긴장 상태에 있으며, 작은 소리에도 깜짝 놀라는 등 일상생활에 지장이 생기는 상태를 말한다. 또한 힘들었던 장면이 갑자기 되살아나는 플래시백과 악몽에 시달리는 등 다양한 심신 증상이 나타나기도 한다.

복합 PTSD는 성장 과정에서 반복해서 학대 및 부적절한 대우를 받아 PTSD 증상과 함께 자신을 부정적으로 인식하거나 감정 조절이 어려워 대인관계에 어려움을 겪는 상태를 말한다. PTSD가 생명과 관련된 단일 사건의 충격에서 발병한다면, 복합 PTSD는 생명을 위협할 정도는 아니더라도 괴로운 체험의 반복에서 발생한다는 견해도 있다.

이처럼 정의와 용어가 다양하지만, 이 책에서는 '아이 양육 방식이 바람직하지 않은 경우'를 부적절한 양육이라고 부르고, 이를 포함한 다양한 요인으로 성장 과정에서 입는 트라우마를 발달 트라우마라 정의한다.

'공동 조절', 부모에게서 받아야 하는 것

아이의 심신이 모두 건강하게 발달하려면 적절한 음식 제공, 기저귀 교체, 목욕 등 기본적인 돌봄이 필요하다. 동시에 말을 걸어주거나, 노래를 불러주거나, 눈 맞춤을 하거나, 긍정적인 스킨십을 나누는 정서적 교류도 필수적이다. 신체적 보살핌과 식사는 주어졌지만 이러한 정서적 교류가 부재했던 루마니아의 고아원에서 많은 아이들이 사망했다는 안타까운 보고가 있다. 단순히 먹이고 돌보는 것만으로는 아이가 생존할 수 없으며, 따뜻하고 배려하는 접촉 역시 생명 유지에 필수적인 요소이다.

이후 장에서는 이러한 상호작용의 중요성을 신경계의 관점에서 자세히 설명하겠지만, 아이가 '자신은 환영받고 있다', '안전하다'라고 느끼는 것은 건강한 성장에 필수적이다. 부모와 아이가 상호작용하며 이러한 감각을 키우고 아이의 신경계를 안정시켜 가는 과정을 '공동 조절 co-regulation'이라고 한다.

아이에게는 좋은 본보기가 필요하다

또 하나 중요한 것은 '좋은 본보기의 존재'이다. 아기는 미숙한 상태로 태어나 주변 사회 구조에 맞춰 자신의 뇌와 신경계를 조정하며 성장해 간다.

이 과정에서 신뢰할 수 있는 본보기가 있는 것이 매우 중요하다. 아이가 "맛있다!"라고 했을 때 "맛있지!"라는 공감을 받음으로써 "이 음식은 맛있다. 맛있는 음식을 먹으면 이런 느낌이 든다. 이런 게 내게 좋은 것이다"라고 이해하고 건강에 좋은 것을 먹는 법을 자연스럽게 익혀간다.

또한 아이가 무언가를 했을 때 "정말 잘했어"라는 긍정적인 피드백을 받으면 "내가 이렇게 하면 사회에 받아들여진다"라는 것을 배우게 된다. 반대로, 좋지 않은 행동을 했을 때 "그것은 하면 안 돼"라고 배움으로써 "이러한 행동은 사회에서 받아들여지지 않는다"는 것을 알게 된다.

이처럼 아이는 주변의 본보기와 자신을 비교하며 성장해간다. 바람직한 본보기가 있고 일관성 있고 신뢰할 수 있는 피드백을 긍정적인 방식으로 받으면, 사회에 적응하고 건강한 행동을 취하는 건전한 사회인으로 성장하는 토대가 마련된다.

하지만 어린 시절에 "아파요"라고 말해도 "그게 뭐가 아파!"라고 부정당하거나, "힘들어요"라며 도움을 청해도 "힘들 것 없다!"라는 무시를 경험한다면 어떻게 될까? 또는 "널 위해 그러는 거야"라는 말과 함께 불쾌한 경험을 반복적으로 겪는다면 아이는 어떤 감정을 갖게 될까? "너는 하찮은 존재야"라거나 "모든 게 네 탓이야"라는 말을 들으며 자랐다면 아이의 자아는 어떻게 형성될까? 이러한 부적절한 상호작용은 바로 부적절한 양육에 해당하며, 발달 트라우마를 일으킬 가능성이 크다.

'부적절한 양육'과 '학대'의 차이

부적절한 양육은 '학대'와는 좀 다르다. 학대라고 하면 몸에 상처가 날 정도의 신체적 폭력, 지속적인 폭언과 같은 심리적 학대, 음식을 제공하지 않는 방임, 또는 성적 가해 행위를 하는 성적 학대 등을 의미한다.

삶의 어려움을 느끼고 나를 찾아오는 내담자 대부분은 '학대는 받지 않았다'고 말한다. 몸에 상처가 날 정도로 맞은 적도 없고, 끼니는 거르지 않았으며, 학교와 학원에도 정상적으로 다녔다는 것이다. 그들의 말만 들으면 겉보기에 행복한 어린 시절을 보낸 것 같다.

그런데 성인이 된 지금 이들은 자존감이 낮고, 항상 초조하며, 슬픔과 괴로움으로 마음이 무거운 상태다. "학대를 받고 자란 것도 아닌데 왜 이렇게 괴로울까?" 이러한 의문이 생긴다. 이 지점에서 '부적절한 양육'이라는 개념이 의미를 갖는다. 전형적인 학대가 아니더라도 성장 과정에서 부모와 건강한 관계를 형성하지 못했다면 마음에 깊은 상처를 입고 살아가는 데 어려움을 겪을 수 있기 때문이다.

바람직하지 않은 양육에도 여러 패턴이 있다. 앞서 얘기한 것처럼 마치 사람마다 가격표가 붙어 있는 것처럼 사람의 가치에 순위를 매기거나, 학교 성적이나 부모의 수입 등 경제적 상황으로 사람을 평가하거나, 아이의 고유한 가치를 인정하지 않거나, 삶의 근본적인 의미를 부정하는 냉담한 언행을 보이거나, 공부나 스포츠 등을 지나치게 강요하는 것 등이 이에 해당한다. 또한 아이의 나이에 맞지 않게 성적인 정보를 주거나 부적절한 성적 행동을 하는 것도 포함된다.

좀 더 일상적이고 구체적인 예로는, "넌 뭘 해도 잘 못 해", "그렇게 해서는 사회에서 살아남을 수 없어", "형이 훨씬 뛰어나", "공부는 동네 OO이 더 잘해", "그런 학교에 다니는 걸 친척들이 알까 부끄럽다", "어차피 넌 남에게 미움받는다", "마음이 너무 약하다.", "고집이 세다", "키가 너무 크고 눈에 띈다", "눈이 너무 작다" 등의 말로 아이를 지속해서 비판하는 경우를 들 수 있다.

성적으로 부적절한 양육

또 성적인 문제도 아이에게 매우 큰 영향을 미친다. 부모가 아이를 강간하는 것은 명백한 성적 학대이지만, 그 정도에 미치지 않더라도 부적절한 성적 관계 역시 아이에게 심각한 상처를 남길 수 있다.

예를 들어, 아이의 성적 성장에 대해 부적절한 언행을 하거나, 놀이라는 명목으로 아이의 몸을 부적절하게 만지는 것 역시 부적절한 양육에 해당한다. 이러한 신체접촉은 학대로 여겨질 수 있고, 그 경계를 명확히 구분하기 어려울 수 있지만 어떠한 이유로든 아이의 존엄성을 훼손하는 행위는 모두 부적절하다. 아이가 싫어하는데도 몸을 만지는 것은 물론, 싫어하는데 목욕탕을 엿보거나 아이의 속옷을 만지는 행위, 아이가 있는 곳에서 성인 비디오를 시청하는 부모도 있다.

이러한 경험은 아이에게 불쾌감, 슬픔, 분노와 같은 부정적인 감정을 느끼게 한다. 심지어 자신을 소중하게 여기지 않는다고 느낄 수도 있다. 하지만 직접적인 성적 학대가 아니었다는 이유로, 성장한 후에도 그런 경험이 별 문제가 아니었다고 자신이 믿어버리는 경우가 있다. 따라서 이러한 상황이 부적절한 양육에 해당한다는 사실을 인식하기 어렵다.

어쩔 수 없는 사정으로 인한 부적절한 양육

부모가 아이에게 안정적으로 애정을 주더라도, 예기치 못한 상황으로 양육이 부적절할 수 있다. 전쟁, 범죄, 재해의 피해 등이 그 대표적인 예이다.

다행히 현재 일본에 전쟁은 없지만, 제2차 세계대전의 영향은 여전히 많은 사람에게 남아 있다. 우리 아버지 역시 학도병으로 제2차 세계대전에 나갔다. 해방 후 오랜 시간이 흘러 내가 태어났지만, 아버지는 91세로 돌아가실 때까지 밤마다 심한 가위에 눌리거나 고함을 지르곤 했다. 평소에는 과묵했지만 술에 취하면 전쟁 때의 참혹한 상황과 가해자에 관한 이야기를 끈질기게 되풀이했다. 어린아이에게 들려줄 만한 내용이 아니었음에도 말이다. 이처럼 전쟁의 상처는 개인뿐 아니라 가족과 주변 사람들에게까지 깊은 영향을 미친다.

아니면, 가족 중에 질병이나 장애가 있는 사람이 있거나, 병간호가 필요한 구성원이 있어 주 양육자(대부분은 어머니)가 심신이 지쳐 아이에게 충분한 애정을 쏟을 에너지가 없는 때도 있다.

아이 자신의 입원으로 장기간 부모나 보호자와 떨어져 지내는 상황 역시 마찬가지이다. 병원에서 의료진이 환자인 아이에게 진심으로 대하더라도, 특히 상황을 이해하기 어려운 어린아이에게는 부모와 떨어진 결과 불안감이나 버려졌다는 느낌, 치료 과정 자체의 고통으로 인해 마음에 상처가 남을 수 있다. 이는 부모가 의도적으로 부적절하게 양육한 경우는 아니지만 아이가 발달 트라우마를 겪기 쉬운 환경임에는 틀림이 없다.

CHAPTER 03

부적절한 양육이란?

부적절한 양육의 구체적인 예

이제 부적절한 양육의 사례를 구체적으로 살펴보자. 주먹질, 발길질과 같은 폭행이나 심한 폭언, 성적 가해 행위 등이 명백하게 있었다면 자신이 학대 받았다고 깨닫기 쉽다. 그러나 부적절한 양육은 대개 끼니를 거른 적이 없고 학교나 학원에 다니며 큰 불편 없이 성장했기 때문에 '행복한 어린 시절'이라고 생각하는 경향이 있다. 그래서 부적절한 양육은 인지하기 어렵다. 여기서는 구체적인 사례를 몇 가지 제시하여 부적절한 양육이 일상의 모든 장면에서 발생할 수 있음을 이해하는 데 도움이 되고자 한다.

사려 없는 말 아직 말을 하지 못하는 아기는 타인의 말을 이해할 수 없다. 하지만 어머니의 표정이나 말투, 목소리 톤 등을 통해 자신이 환영받고 사랑받는지, 아니면 소외당하고 있는지 감지한다. 그리고 이러한 감각적 경험을 바탕으로 세계관과 자기상을 형성해 나간다. 비록 말의 의미를 이해하지 못하더라도 배려하는 어투로 말을 거는 것이 그래서 중요하다. 또한, 언제 어디를 방문했는지 기억하지 못하더라도 가족들의 즐거운 모습, 신선한 공기, 설레는 분위기 등은 몸에 깊이 기억된다. 아기에게 부담이 되는 무리한 여행은 권장하지 않지만, 가족과 함께 즐겁게 지내는 경험은 긍정적 영향을 미친다.

체벌 체벌로 얻을 수 있는 것은 없다. 아기나 어린이는 체벌을 통해 무엇이 위험한지, 어떤 행위는 하지 않아야 하는지 이해하지 못한다. 그저 아픔과 공포만이 신체 기억으로 깊이 새겨질 뿐이다. 본래 자신을 보호해야 할 부모로부터 신체적 고통을 받게 되면 아이는 혼란스러워진다. 그리고 이러한 혼란스러운 인지 구조 속에서 세계관이나 자기상을 만들어 가게 된다.

더욱이 언어를 이해하게 된 아이에게 체벌은 부정적인 영향만 미친다. 부모에게 체벌을 당한 아이는 밖에서 타인에게 폭력을 행사하게 되고, 사회적인 관계 형성에 어려움을 겪을 수 있다. 또 얼굴이나 엉덩이를 때리는 행위는 폭력과 다를 바 없다.

아이의 발달과정에서 실패는 자연스러운 일이다. 부모는 위험한 요소를 제거하고 실패를 수습해 주어야 한다. 말을 이해하는 나이가 되면 말로 설명하거나 규칙을 만들어 문제가 생기는 것을 방지하도록 노력해야 한다. 언어를 이해하는 나이가 되었음에도 아이가 부모의 말을 듣지 않는다면, 부모와의 심리적 교류가 원활하지 않아 스트레스가 쌓였을 가능성을 고려해야 한다.

때에 맞춰 욕구를 충족시키지 못함 아이가 울면 그칠 때까지 내버려두는 선진국의 육아법은 과학적으로 잘못된 것으로 밝혀졌다. 아기가 울 때 부모의 빠르고 적절한 반응이 중요하다. 눈을 마주치고 부드러운 목소리로 말을 건네거나 따뜻하게 다독여 주는 것이 필수적하다. 이러한 상호작용을 통해 아기는 자신이 환영받고 사랑받으며, 세계는 안전하고 자신 또한 안전하다는 의식을 형성해 나간다.

지나친 개입 - 친구 관계 아이는 다양한 친구를 사귀면서 인간에 대해 배워간다. 누구와 놀 때 즐거운지, 누구와 놀 때 그렇지 않은지, 그 이유는 무엇인지 스스로 경험하며 배워간다. 그래서 부모의 선입견으로 누구와 사귀어야 할지를 결정해서는 안 된다. 아이의 상황을 지켜보면서 도움이 필요하다면 그때 손을 내밀어 주는 것이 바람직하다.

지나친 개입 - 취향이나 옷차림 아이의 취향에 대해 부정적인 말은 삼가야 한다. 자신의 취미와 다르더라도 "네가 그걸 좋아하는구나"라며 아이의 취향을 존중해 주어야 한다. 만약 TPO[1)]에 맞지 않다고 생각되는 복장이나 머리 모양이라면, "네가 그걸 좋아하는 건 알겠지만, 그런 복장으로 장례식에 가는 것은 적합하지 않다고 생각해. 아마 다른 사람들이 분명 이러한 복장을 하고 올 거야. 그건 돌아가신 분과 유족에게 경의와 애도를 표하는 의미거든"과 같이 왜 다른 옷을 입는 것이 좋은지 구체적인 이유와 더 나은 방법을 설명해 주는 것이 좋다.

아이를 독립시키지 못함 아이가 간절히 어머니를 찾는 것은 일시적인 현상으로, 점차 심리적으로나 물리적으로 독립해 간다. 어머니도 또한 아이를 독립시킬 필요가 있다. 만약 이러한 분리가 어렵다면, 자신 발달 트라우마를 겪고 있거나 배우자와의 관계에 문제는 없는지 살펴볼 필요가 있다.

---

1) 역자주: 시간(time), 장소(place), 경우(occasion) 약자

부정적인 언행이 많음 어머니 자신이 긍정적인 면을 찾아내는 연습을 해야 한다. 어머니가 발달 트라우마를 겪고 있거나 발달 장애를 갖고 있을 수도 있다. 아이에게 편안하게 대하기 어렵다면 정신과 진료나 심리 상담을 통해 적절한 도움을 받는 것이 필요하다.

우울해서 아이들의 필요에 부응하지 않음 상태가 좋지 않을 때는 아이에게 그 사실을 명확하게 설명하고, 걱정하지 않도록 몇 시간 또는 며칠 쉬면 나아질 것이라는 구체적인 기준을 알려준다. 원인 모를 신체 통증이나 지속해서 기분이 좋지 않은 경우는 심리적인 문제가 있으므로, 정신건강의학과나 상담실을 방문하여 자신의 문제에 대처해야 한다. 다만, 자신의 정신 건강 문제나 어린 시절의 상처에 대해 아이에게 자세히 설명할 필요는 없다. 아이가 성인이 되어 침착하게 상황을 이해할 수 있게 된 후 자신이 겪었던 어려움과 극복 과정을 이야기해 주는 것이 좋다.

지나친 걱정 만약 어머니 자신이 과도한 불안을 느낀다면, 과거 부적절한 양육 경험으로 인해 불안 장애나 강박 장애를 겪고 있을 가능성이 있다. 정신건강의학과 진료나 상담 등의 지원을 받을 필요가 있다.

필요한 관리를 하지 않음 아이에게 필요한 기본적인 돌봄을 제공하지 않는 것은 부적절한 양육이며, 그 정도가 더 심하면 '방임'이라는 학대에 해당한다. 이럴 때 어머니가 발달 장애나 발달 트라우마 등을 가지고 있을 수 있다. 어머니가 자신 자신의 문제를 인식하고 개선하려는 노력이 필요하며, 그것이 어렵다면 아버지나 친척, 학교 선생님 등이 아이를 주의 깊게 살피고 문제가 있으면 적절히 대응하는 것이 중요하다.

억지로 참게 만듦 아이의 아픔이나 고통에 공감하는 일은 매우 중요하다. 안아서 달래고 위로하며 진정시키는 행위는 아이의 신경계를 안정시키는 '공동 조절'로 아이의 미성숙한 신경계 발달에 필수적인 상호작용이다. 아이가 '아프다'고 말하는 데 '그게 왜 아파'라고 반응하면 아이는 자기의 감각을 믿을 수 없게 된다. 부모의 공감을 통해 아이는 공감 능력을 키워나간다.

어른들의 넋두리 부부나 고부간의 갈등을 아이에게 들려주어서는 안 된다. 아이를 문제에 끌어들이지 말고 부부끼리 대화하거나 친구나 친척, 심리 상담가 등에게 상담하는 것이 좋다. 아이는 아이답게 자랄 권리가 있으며, 부모의 부정적인 감정을 처리하게 되면 불안감 속에 성장할 수밖에 없다. 어려움이 있을 때는 도움을 요청하고 받는 것 또한 성숙한 어른의 모습이다. 감당하기 어려운 문제는 아이에게 전가하지 말고, 아이 외에 도움을 줄 수 있는 사람이나 기관을 찾는다.

공부 강요 부부가 협력하여 아이를 양육하는 것은 당연한 일이다. 아버지 또한 어머니와 마찬가지로 아이와 가정에 책임을 져야 하며, 어느 한쪽에게만 모든 책임을 떠넘겨서는 안 된다. 시험 점수가 나쁘다고 아이를 비난하는 일은 문제 해결에 도움이 되지 않는다. 부족한 부분을 파악하여 즐겁게 가르쳐 주는 것이 더 효과적이다. 또한, 아이가 배우는 재미를 느낄 수 있도록 미술관, 박물관, 도서관 등을 함께 둘러보는 것도 좋은 방법이다.

형제자매를 비교 3세와 6세, 12세와 15세 아이의 발달 단계가 뚜렷이 다르듯이, 아이에게 있어 3년은 큰 차이이다. 나이가 다르고 신체 발달에 큰 차이가 나는 형제자매를 비교하는 일은 의미가 없다. 기본적으로 형제자매를 서로 비교하지 않아야 한다. 만약 비교하여 비난하고 싶은 충동이 느껴진다면, 자신의 발달 트라우마를 되돌아볼 필요가 있을 수 있다.

자식 꿈을 걸고 과도한 훈련을 강요 부모의 꿈은 부모의 꿈이고, 자식의 삶은 자녀의 삶이다. 자녀의 꿈에 지나치게 집착하는 일은 피해야 한다. 또한, 아이의 컨디션이 좋지 않은데 무리하게 운동 연습을 시키는 것은 부적절하며, 지나치면 학대가 될 수 있다. 만약 아이가 자신의 뜻대로 되지 않는 것에 분노하고 불안해한다면, 부모 자신의 발달 트라우마가 영향을 미치고 있을 가능성을 고려해야 한다. 자녀에게 모든 것을 내걸지 말고 자기 삶을 되돌아보고 자신의 목표를 설정하여 노력하는 모습을 보이는 것이 중요하다.

성적으로 사람을 판단하고 순위 매기기 학교 이름을 언급하며 폄하하는 듯한 언행은 바람직하지 않다. 타인과 우열을 가리거나 비교하는 데 익숙해지면 아이는 자신이 우수해야만 받아들여질 수 있다고 생각하게 된다. 학업 성적이 좋을 때는 다른 사람을 무시하고 반대로 학업 부진을 겪을 때 자존감이 낮아질 수 있다.

지나친 검약 가정마다 경제적 사정과 가치관은 다를 수 있다. 그러나 아이가 불안감을 느낄 정도로 빚 이야기를 자주 하거나, 경제적 여유가 있는데도 지나치게 돈을 아끼는 것은 부적절하다. 부모의 과도한 불안으로 인해 아이들과 평범한 일상생활을 즐기거나 맛있는 음식을 함께 나누는 것에 어려움을 느낀다면 부모에게 발달 트라우마가 있을 수 있다. 자신의 문제를 인식하고 해결하려는 노력이 필요하다.

아이의 꿈을 부정 아이가 장래에 무엇이 되고 싶은지는 아이의 자유이다. 자신의 능력에 관한 판단 또한 머지않아 자신이 내리게 되고, 이는 부모가 관여할 부분이 아니다. 아이가 좌절을 경험하더라도 크게 문제 될 것은 없다. 인생에는 해결되지 않는 일도 많기 때문이다. 중요한 점은 아이가 건강하게 다시 일어서서 다음의 목표로 나아가는 것이다. 마치 '넘어지지 않도록 미리 짚어주는 지팡이'처럼 미리 나서서 아이의 의욕을 꺾어서는 안 된다. 아이가 장래의 꿈을 이야기할 때는 실현 가능성이 작아 보이더라도 부정하지 말고 경청해야 한다. 중요한 점은 달성 가능성이 아니라 아이의 설레는 마음을 존중하는 것이다. 아이가 재능이 없는 것 같다고 슬퍼한다면 자주 이야기를 들어주고 슬픔을 함께 나눈다. 아이는 또 자신의 길을 찾아나갈 것이다.

아이를 질투 자녀의 성장을 기뻐하지 못하거나 경쟁심을 느낀다면, 부모 자신이 아직 성숙하지 못한 상태일 수 있다. 이러한 상태의 사람이 타인의 인정을 기대하기는 어렵지만, 자신의 상태를 인식하여 상담을 받는 등 자아 성숙을 위해 노력하는 것이 바람직하다.

아이의 성적 성장을 달가워하지 않음 부모는 아이가 자신의 성적 정체성을 인식하고 건강한 자기상과 함께 이를 수용하며 타인을 존중하면서 친밀감이나 관계를 즐기고 다음 세대를 양육하는 것을 지지해야 한다. 어머니가 자신의 성에 대한 거부감이 있다면 자신의 발달 트라우마를 되돌아볼 필요가 있다.

부적절하게 성적인 정보를 접하게 함 아이가 조기에 성적인 내용을 접하게 하는 것은 부적절하며 학대에 해당될 수 있다. 아버지가 성인 비디오 등에 관심이 있더라도, 부적절한 내용이 아이에게 노출되지 않도록 주의한다. 아버지가 이를 이해하지 못하고 협조하지 않는 경우, 어머니가 항의하거나 친척과 상담하는 등 해결하려는 노력을 해야 한다.

아이에 대한 성적인 관심을 언행으로 표출 부모와 자식 관계라 할지라도 한 지붕 아래에 매력적인 젊은 여성이 있다면 남성에게 성적인 관심이 생길 수 있다. 우선 자신이 부모로서 자녀를 보호해야 하는 위치에 있음을 재인식하고 딸과의 적절한 거리를 유지해야 한다. 딸의 몸을 보거나 만지거나, 성적인 농담을 하거나, 목욕 중에 욕실을 들여다보는 등의 행동은 절대로 해서는 안 된다. 어머니 또한 남편이 딸에게 성적인 관심을 가질 수 있다는 점을 충분히 인지하고 아버지와 딸 사이에 부적절한 접촉이 발생하지 않도록 주의를 기울여야 한다.

형제자매간 성적 행위에 개입하지 않음 형제지간에도 성적인 문제가 발생할 수 있으므로, 부모는 상황을 이해하고 있어야 한다. 2차 성징을 겪는 남자아이가 성적인 것에 관심을 두는 것은 자연스러운 일이지만, 여성을 소중히 여기고 존중해야 한다는 점도 가르쳐야 한다. 가능하다면 아버지의 협력을 얻어 그저 꾸짖기보다는 여성의 신체와 마음을 존중해야 함을 가르쳐야 한다.

형제자매간 가해 행위에 개입하지 않음 형제자매 사이에도 지배 관계가 생길 수 있다. 강한 아이가 약한 아이를 위협하거나 괴롭히거나 가해 행위를 할 수 있으며, 이는 약한 아이에게 마음의 상처가 될 수 있다. 부모의 사랑이 부족하면 형제자매 사이에서 애정을 다투거나 싸우고 경쟁하기도 한다. 아이 각자가 안정적으로 성장할 수 있도록 충분한 사랑을 주는 것이 필요하고, 동시에 형제자매 사이에서 트라우마가 될 수 있는 관계가 나타나는 것 같다면 서로 이야기하고 타이르거나 외부의 도움을 받는 등 적절히 대처해야 한다.

CHAPTER

04 인류의 부정적 유산

부적절한 양육은 어디에나 있다

부적절한 양육의 예는 아직 더 많지만, 지금까지 읽은 내용만으로도 부적절한 양육이 어떤 모습인지 충분히 짐작할 수 있을 것이다. 이러한 일들이 정말 흔하고 그렇게까지 부적절한 것은 아니라고 생각할 수 있다. 하지만 이러한 상태가 장기간 지속되면 발달 트라우마로 이어질 수 있다. 물론 부모도 완벽할 수 없고 스트레스를 많이 받거나 건강이 좋지 않을 수 있다. 따라서 항상 이상적으로 대처할 수 있는 건 아니다. 그러나 가능한 한 아이에게 적절하게 대응하는 것은 중요하다. 적절한 대응이 약 70% 정도면 부모와 아이 사이의 유대가 깊어지고 아이의 마음이 보다 안정된다고 한다. 아무리 아이에게 불합리하게 화내지 않겠다고 다짐하더라도, 기분이나 몸 상태에 따라 자신도 모르게 불합리하게 행동할 수 있다. 중요한 점은 무심코 아이에게 상처를 주는 말이나 행동을 하더라도 이후에 제대로 사과하는 것이다. 그렇게 하면 발달 트라우마를 예방할 수 있다.

때로 다른 사람의 도움으로 트라우마가 덜어진다

학대는 예외 없이 매우 해롭고 부적절한 양육이지만, 주변에 적절하게 대응해 주는 다른 사람이 있다면 아이는 깊은 심리적 트라우마 없이 성장할 수 있다.

예를 들어, 어머니가 정신적으로 힘든 상황이라도 아버지가 강인하다면 아이는 심각한 트라우마를 입지 않을 수 있다. 또는 아버지가 문제가 많아도 어머니가 사랑과 보살핌으로 아이를 양육한다면 어느 정도 균형을 이룰 수 있다. 가까이에 도움을 청할 수 있는 조부모가 있거나 학교에서 좋은 선생님을 만난 아이들도 있다. 이럴 때, 아이가 집에서 어려운 시간을 보내더라도 선생님이 아이의 정서적 필요에 주의를 기울이고 격려와 칭찬으로 적절히 대응하여 트라우마를 극복하도록 도울 수 있다. 또한, 이웃들이 잘 지켜봐 주고 울 때 위로해 주거나 간식을 챙겨주고, 학원 선생님이나 교회 선생님이 따뜻하게 정서적으로 지지해 주었다는 사람들도 있다.

이처럼 부모에게 어려움이 있더라도 사회적인 지원을 통해 잘 헤쳐 나가는 사람도 있다. 내가 받은 인상은, 아버지에게 문제가 있어도 어머니가 사랑으로 키운 사람은 비교적 상처가 깊지 않아 보이지만, 아버지는 강하지만 어머니에게 정서적 문제가 있어 애정을 느끼지 못했던 이들은 정서적 상처가 더 깊어 보인다는 점이다. 통계자료를 수집한 것이 아니므로 이는 개인적인 인상에 불과하지만, 어머니의 역할이 크기 때문에 아이들이 더 큰 영향을 받았다고 본다.

티끌 모아 태산

부적절한 양육에는 주먹질이나 발길질과 같은 폭력, 강간과 같은 성폭력만 있는 것이 아니다. 매일 집 안에서 부정적인 경험이 반복되면 아이들은 자존감이 낮아지고 자신을 불신하며 타인과 원만하게 어울리지 못하게 된다. 명백한 학대는 분명히 큰 상처를 남기지만, 때리거나 발로 차는 등의 직접적인 학대 행위가 없더라도 아이의 가치를 깎아내리는 폭언이나 정서적 폭력이 지속되면 심각한 정서적 상처를 입을 수 있다는 점이 분명해졌다.

학대당하지 않고 기본적인 의식주가 충족되고 학교, 학원, 과외 등의 교육을 정상적으로 받더라도, 부적절한 양육 환경에서는 아이가 큰 상처를 입고 자신을 돌보거나 타인과 건강한 관계를 맺는 데 어려움을 겪을 수 있다. 때로는 두 가지 모두를 다 하지 못하게 되기도 한다.

아이들이 '안전하다'라고 느끼도록 하는 것이 중요하다. 아이가 어머니나 가족과의 관계에서 안전하다고 느끼면 아이의 신경계는 안정적으로 발달한다. 하지만 조건부로 애정을 받게 되면 아이들은 근본적으로 '안전하지 않다'고 느끼게 된다. 특정 조건을 충족하지 못하면 무가치한 존재라고 느끼게 된다면 곧 자신이 안전하지 못하다고 인식하는 것이다. 조건에 따라 자신의 존재 가치가 부정될 수 있기 때문이다. 의식주의 안정뿐만 아니라 아이가 안전하다고 느낄 수 있도록 부모와 아이 사이의 '협력적 조정(cooperative adjustment)'이 중요하다.

부적절한 양육을 잘 기억하지 못 한다

부적절한 양육의 어려움 중 하나는 아기 때나 아주 어릴 때 경험한 경우, 이를 기억하지 못하는 경우가 많다는 점이다. 예를 들어, 어린 시절의 부적절한 양육으로 인해 타인과 원만하게 지내지 못하는 사람이 있다고 하자. 이 사람은 자신감이 부족하거나, 세상은 위험한 곳으로 인식하거나, 사람들과 어울릴 때 지나치게 조심스럽거나, 사소한 일에도 쉽게 화를 내기 때문에 대인관계에 어려움을 겪는다. 하지만 어렸을 때 자신에게 어떤 일이 있었는지 기억하지 못하기 때문에 자신의 서투름을 성격 탓으로 돌리게 된다.

부적절한 양육과 발달 트라우마는 인지하기 어렵다

어린 시절 경제적으로 어려움 없이 풍족하게 생활했다면, 가정 내 부적절한 양육을 알아차리기 어려울 수 있다. 게다가 부모에 대해 불만을 느끼는 것에 죄책감을 느끼고 오히려 자신을 책망하는 경향도 흔히 나타난다. 따라서 부적절한 양육으로 인해 발달 트라우마를 겪었더라도, 단순히 자신의 성격 때문이라고 여기거나 몸 상태가 좋지 않은 것을 "나는 원래 허약하다"와 같이 자신의 체질 탓으로 생각하기 쉽다.

최근에는 본인이 기억하든 못하든 어린 시절의 경험이 성인기에 큰 영향을 미친다는 점이 점점 더 명확해지고 있다. 이 주제에 관한 책들도 꾸준히 출간되고 있다. 반 데어 콜크의 〈몸은 기억한다〉, 레빈의 〈트라우마와 기억〉, 케인과 테렐의 〈회복탄력성 기르기〉 등은 비교적 쉽게 접할 수 있는 책들이다. 주변에 삶의 어려움을 겪고 있는 사람이 있다면, 그들이 과거 어떤 부적절한 양육을 경험했을 수 있으며 그것이 현재 그들의 행동 방식에 영향을 미치는 이유일 수 있다는 점을 고려해 보기를 권한다. 그리고 이러한 사실을 알게 된다면 적절한 조처를 하는 것이 중요하다.

독자들이 이 책을 통해 먼저 자신이 부적절하게 양육되지는 않았는지 확인하는 도구로 활용하기를 바란다. 그리고 부적절한 양육으로 인한 발달 트라우마로 현재 삶에 어려움을 겪고 있다면, 이 책 후반부에 제시된 해결책을 시도해 보기를 권한다.

어른도 지쳐 있다

부모가 자녀를 정서적으로 제대로 양육하지 못한다면, 자신의 정서 또한 제대로 돌보지 못하고 있을 가능성이 크다. 어른들 역시 매일같이 스트레스에 시달린다. 장시간 노동이나 직장 내 괴롭힘, 갑질, 성희롱 등의 피해자이거나, 그러한 일을 당할까 봐 늘 불안해한다. 아버지는 너무 지쳐서 어머니를 위로할 여력이 없고, 어머니 또한 직장 스트레스 외에도 친구나 친척과의 관계 등으로 지쳐 있는 경우가 많다. 게다가 어머니는 주변 사람들이 자신을 어떻게 평가할지를 끊임없이 신경 쓰는 경향이 있다. 아이가 얼마나 잘하는지에 따라 어머니의 양육 방식을 평가하려는 사회적 시선 때문이다. 직장에서는 꼼꼼하게 신경 써야 하고, 상사의 질책을 감당해야 하며, 출퇴근길 만원 전철 안에서는 편안한 개인 공간조차 확보하기 어렵다. 이처럼 정신적, 육체적으로 극도로 지쳐 있다면 집에서 아이에게 친절하게 대하기 어려운 것은 어쩌면 당연한 일이다.

이처럼 전반적으로 지쳐 있는 사회 분위기 속에서 부적절한 양육이 시작된다고 해도 과언이 아니다. 따라서 이 책의 목적은 부모를 비난하려는 것이 아니라, 그들의 힘든 마음을 어떻게 하면 조금이나마 덜어줄 수 있을지 고민하고 해결책을 찾아보려는 데 있다.

인류의 부정적 유산

이미 짐작했겠지만, 아이를 따뜻하게 대하지 못하는 부모는 자신이 발달 장애나 발달 트라우마를 가지고 있을 가능성이 있다. 부모에게 발달 트라우마가 있다면 그 부모의 부모, 즉 조부모의 양육 태도 또한 부적절했을 가능성을 추정해 볼 수 있다. 더 나아가 증조부모의 양육 태도까지 거슬러 올라갈 수도 있다. 나는 이러한 현상을 '인류의 부정적 유산'이라고 부른다. 다시 말해, 자녀를 부적절하게 양육하는 부모에게는 그들 또한 부적절하게 양육한 부모가 있었을 가능성이 크며, 이러한 문제는 과거 세대로까지 이어질 수 있다는 것이다. 이러한 연쇄적인 과정에는 전쟁이나 재난과 같은 불가피한 외부 요인으로 인한 어려움도 있었을 수 있다.

좀 더 과거를 살펴보자. 나는 가부키 연극을 좋아하는데, 츠루야 난보쿠의 교겐에 등장하는 악당들은 '자기애성 성격 장애'나 '사이코패스'와 유사한 극악무도한 인물들이다. 이는 에도시대에도 그러한 성향의 사람들이 존재했음을 시사한다. 게다가 옛날이야기에도 '착한 노인'과 '심술궂은 노인'이 등장하곤 한다. 일본 신화와 세계 각국의 신화에도 폭력, 살인, 거짓말, 속임수, 불륜 등 다양한 인간의 부정적인 모습들이 그려져 있다. 어쩌면 인간에게는 이러한 '부정적 유산'이 존재한다는 의미일지도 모른다.

부적절한 양육을 할 생각이 없더라도, 자신도 모르게 삶의 고통을 아이들에게 화풀이하듯 풀어내기도 한다. 저마다 불가피한 사정이 있을 것이다. 하지만 이러한 악순환을 끊지 못하면 트라우마는 다음 세대로 고스란히 전해진다. 이처럼 '인류의 부정적 유산'은 계속해서 증폭될 것이다. 내게 상담받으러 오는 많은 내담자가 이러한 부정적인 유산을 자신의 세대에서 끊어내기 위해 힘쓰고 있다.

CHAPTER 05

트라우마는 몸에 아로새겨진다

몸이 배우는 '절차 기억'

부적절한 양육이 대를 이어 반복된다고 했다. "어딘가에서 누군가가 발달 트라우마를 인식하고, 그 흐름을 바꿔 부정적인 영향이 다음 세대로 전달되는 것을 멈출 수는 없을까요?"라고 질문할 수 있겠다. 삶의 방향을 바꾸기 위해 엄청난 노력을 기울이는 사람도 있겠지만, 사실 이는 매우 어려운 일이다. 왜냐하면 트라우마 경험은 단순히 머릿속 기억으로만 남는 것이 아니라 몸에 깊이 새겨지기 때문이다.

자전거를 탈 수 있는가? 자전거 타는 법을 말로 설명할 수 있는가? 나라면 아마 먼저 왼발을 페달에 올리고 오른발로 땅을 살짝 밀어 균형을 잡으면서 안장에 앉는다고 설명할 것이다. 여기서 '균형을 잡으면서'라고 썼지만 실제로 어떻게 균형을 잡아야 하는지, '균형을 잡는다'는 것이 정확히 어떤 느낌인지 말로 설명하기는 매우 어렵다. 이처럼 몸으로 익힌 움직임은 말로 명확하게 설명하기 힘들다. 앞서 트라우마는 몸에 새겨진다고 했는데, 트라우마가 몸에 각인되는 방식은 자전거 타는 법과 비슷한 면이 있다.

자전거 타는 법을 논리적으로 설명할 수는 없지만, 막상 자전거에 오르면 몸이 자연스럽게 움직인다. 이처럼 우리의 몸은 많은 것들을 자연스럽게 습득한다. 자전거 타기, 스키, 스케이트, 다양한 스포츠, 춤 등은 모두 몸으로 익히는 '절차 기억'의 영역에 속한다. 나 역시 어릴 때부터 일본 무용을 배웠는데, 샤미센 곡이 연주되면 6살 때 익힌 동작임에도 불구하고 몸이 안무를 기억하고 손과 발이 자연스럽게 움직인다. 50년이 넘는 세월 전에 익힌 안무가 여전히 몸 어딘가에 저장되어 있다는 사실이 놀랍다. 이처럼 '말로 명확하게 설명하기 어려운 기억'을 전문 용어로 '절차 기억'이라고 한다.

이와 달리 언제, 어디서, 무엇을 했는지에 대한 기억은 '서술 기억'이라고 한다. 예를 들어, "초등학교 6학년 때 치바 해변에 가서 수영하고 저녁에는 아버지, 어머니, 여동생과 함께 수박을 맛있게 먹었다"와 같은 구체적인 경험에 대한 기억이다. 기억에 대한 자세한 설명은 생략하겠지만, 더 깊이 알고 싶다면 피터 레빈의 〈트라우마와 기억〉을 추천한다.

여기서 기억할 점은 자전거 타기와 같은 기술은 '절차 기억'이라는 것이다. 그리고 트라우마 또한 '절차 기억'의 형태로 몸에 저장된다. 트라우마를 경험한 후 정확히 언제, 어디서, 누가, 무엇을 했는지는 잘 기억하지 못하더라도 몸은 분명하게 반응한다. 비슷한 상황에 놓이면 순간적으로 몸이 굳어지거나, 넘어지거나, 자신도 예상치 못한 행동을 할 수 있다.

예를 들어 A는 두 살 때 바닷가에 놀러 가 어린이용 비닐 보트를 타다가 물에 빠졌다. 일어서려 했지만 발이 바닥에 닿지 않았다. 짠 바닷물에 숨이 막혀 매우 고통스러웠다. 하지만 성장하면서 A는 두 살 때 바다에 갔던 기억, 보트에서 떨어졌던 사실을 완전히 잊어버렸다. 대학생이 된 A가 여름방학에 친구들과 함께 고원의 호수에서 보트를 타게 되었다. 보트가 바람에 흔들리자 A는 갑자기 극심한 공포를 느꼈다. 보트 가장자리에 매달려 "제발 살려줘. 빨리 물가로 돌아가!"라고 외쳤다. 친구들은 웃음을 터트리며 뭐가 그렇게 무섭냐며 신기해했다. A 자신도 왜 그러는지 알 수 없었다. 모처럼의 여름휴가를 망쳐 실망하고, 겁 많고 이상한 사람으로 보였을까 걱정이 되었다. 집으로 돌아와 어머니에게 그날 겪었던 일을 이야기했다. 그러자 어머니는 "혹시 두 살 때 바다에 빠졌던 일이 트라우마로 남은 걸까?"라고 말했다. 그 말을 듣고서야 A는 처음으로 자신이 보트를 타다 물에 빠져 극도의 공포를 느꼈던 경험을 한 적이 있었다는 것을 어렴풋이 깨달았다.

이처럼 언제, 어디서, 누가, 무엇을 했는지에 대한 명확한 기억은 사라졌을지라도, 몸은 여전히 자율적으로 반응할 수 있다. 사건에 대한 구체적인 기억이 없더라도 '절차 기억'에 새겨진 감정과 신체 반응은 강력한 영향력을 행사한다. 또한 그 '절차 기억'은 의식적으로 지우려고 해도 쉽게 사라지지 않는다. A가 보트에 대한 두려운 기억을 잊고 싶어 해도 몸은 여전히 그 공포를 기억하고 반응하는 것이다.

자전거 타는 법은 잊을 수 없다.

이런 상상을 해보자. 앞으로 자전거를 탈 일이 없을 가능성이 크니, 이제 자전거 타는 법을 완전히 잊어버리겠다는 결심을 했다. 그런데 과연 잊을 수 있을까? 나는 최근 20년 만에 처음으로 자전거를 타게 되었다. 지인의 집에 방문했는데, 지인이 급하게 필요한 물건이 있다며 자전거로 함께 다녀오자고 제안했다. 마지막으로 자전거를 탔던 때가 언제인지 떠올려 보니 20년은 족히 넘은 듯했다. 하지만 막상 핸들을 잡고 페달에 발을 올리자 몸은 페달 밟는 방법을 기억하고 있었다. 이처럼 우리 몸에 새겨진 기억은 애써 잊으려 해도 잊을 수 없다. '이제부터 자전거 타는 법을 잊어버리자'라거나 '보트에서 떨어졌던 기억을 지워버리자'라고 아무리 다짐해도 몸은 그 기억을 고스란히 간직하고 있다.

트라우마가 심각한 문제가 되는 이유도 바로 여기에 있다. 어린 시절 부적절한 양육을 받은 사람이 어른이 되어 직장을 갖고 자신이 벌어서 생활할 수 있게 되었다고 가정해 보자. 이론적으로 자립적이고 자유로워야 마땅하다. 하지만 어머니와 닮은 사람을 만나면 이유 없이 긴장하거나, 아버지를 닮은 사람이 화를 내는 모습을 보면 겁이 나기도 한다. 자신의 월급임에도 불구하고 돈을 쓰는 것에 죄책감을 느끼거나, 부모 곁을 떠나 독립하지 못하고 자신의 미래를 향해 힘차게 나아가지 못하는 경우도 있다. 아무리 머리로는 '나는 이제 어른이다', '괜찮다'고 되뇌어도 이러한 신체적인 반응을 의지로 멈추기는 매우 어렵다. 심리상담을 받으며 "당신의 인식이 왜곡되어 있군요. 당신은 이제 어른이에요. 두려워할 필요 없어요"라는 상담사의 말을 듣고 "알겠습니다. 노력해 보겠습니다"라고 대답하더라도, 자전거 타는 법을 잊을 수 없는 것처럼 몸에 깊이 새겨진 기억은 쉽게 지워지지 않는다.

트라우마란?

트라우마란 '심리적 외상'을 의미한다. 트라우마를 경험하게 되면 몸과 마음 모두 건강하게 기능하는 데 어려움을 겪게 된다. 트라우마를 유발하는 사건은 매우 다양하다. 끔찍하거나 충격적인 경험은 물론, 일상생활에서 반복적으로 겪는 부정적인 경험 또한 트라우마의 원인이 될 수 있다.

일반적으로 트라우마는 사고나 자연재해, 폭력, 범죄 피해, 성폭력 등 신체적 안전이나 생명의 위협을 느낄 정도의 극심한 충격으로 인해 발생한다고 알려져 있다. 반면 부적절한 양육은 매일 조금씩 일어나는 부정적인 경험들이 쌓여, 마치 작은 티끌이 모여 거대한 산을 이루듯 강렬한 '절차 기억'으로 자리 잡아 그 사람의 삶을 지배하게 된다.

어린 시절 부모 등 양육자로부터 반복해서 폭언이나 폭력을 당하거나, 잦은 성적 접촉을 경험하거나, 식사 등 기본적인 돌봄을 받지 못하는 방임을 당하거나, 가족 구성원이 폭행당하는 것을 반복해서 목격하거나, 양육자가 자주 바뀌거나, 가정이나 학교에서의 지속적인 집단 따돌림, 장기 입원 등으로 인한 양육자의 부재, 어린 시절 본인의 장기 입원이나 고통스러운 의료 처치 등도 트라우마의 원인이 될 수 있다. 이 책에서 다루는 발달 트라우마가 바로 이러한 상황에 해당한다.

트라우마를 떠올리는 일은 고통스러우므로, 사람들은 트라우마를 연상시키는 상황이나 관련된 모든 것을 회피하려는 경향을 보인다. 그러면 활동 범위, 방문할 수 있는 장소, 만날 수 있는 사람 등이 크게 제한된다.

과도한 긴장과 경계심으로 인해 불면증에 시달리거나, 식욕 부진이나 과식과 같은 신체적, 정신적 이상이 나타나기도 한다. 또한, 트라우마의 끔찍한 기억이 생생하게 되살아나는 플래시백을 경험하기도 한다. 앞서 언급한 A씨의 보트 사례처럼 몸이 제멋대로 반응하거나, 이성으로 통제하려 해도 잘 되지 않아 좌절감을 느끼고 자신감을 잃거나,

반대로 쉽게 분노하고 감정적으로 격해지기도 한다. 자신의 감정을 제대로 이해하지 못하거나 통제하지 못하고, 자신과 세상을 부정적으로 인식하며, 안정적인 인간관계를 맺는 데 어려움을 겪거나, 심지어 죽거나 사라지고 싶은 충동에 시달리기도 한다.

이처럼 트라우마를 겪게 되면 건강하고 행복한 삶을 영위하는 것이 매우 어려워진다.

몸에 새겨진 것들의 해방은 몸에서 시작된다

트라우마와 고통스러운 기억은 단순히 머릿속에만 있는 것이 아니라 몸에 깊숙이 새겨져 있다. 그래서 이러한 억압된 감정과 기억으로부터의 해방 또한 몸에서 시작되어야 한다. 이러한 신체 기반의 접근 방식을 영어로 '소매틱(somatic) 접근'이라 부르고자 한다. '소매틱'이란 '신체의'라는 의미이다. 특히 이 책 후반부의 해결책 부분에서 소매틱 접근법에 관한 구체적인 사례를 들어 자세히 설명할 것이다.[2]

2) 역자주: 몸(body)이 제3자 관점에서 보는 '대상'이라면, 소매틱(somatic)이 파생된 단어 soma는 주관적으로 느끼는 몸, 즉 뇌가 생산해 낸 내 몸의 이미지이다. 몸과 마음의 연결을 강조하기 위해 이 책에서는 '소매틱'으로 번역한다.

PART

02

신경계와 다미주신경 이론

CHAPTER 06

다미주신경 이론이란?

그렇다면 왜 이러한 고통스러운 기억은 이성이 아닌 몸에 새겨질까? 이제 신경계에 대해 좀 더 자세히 이야기해보자.

인간의 몸은 마치 예술 작품처럼 정교하게 만들어져 있다. 다양한 기능을 가진 여러 기관이 절묘한 균형을 이루고 서로 작용하며 생명 활동과 건강을 유지한다. 그중 신경계는 정보 전달을 주로 한다. 앞서 언급했듯, 나는 왜 마음이 괴롭고 몸이 아픈지에 대한 답을 다미주신경 이론을 접하며 비로소 얻었다. 그래서 다소 전문적인 내용이긴 하지만 다미주신경 이론에 대해 간략히 설명하고자 한다. 상세한 내용은 『다미주이론』[1)]을 참고하기 바란다.

S. W. 포지스 박사는 20세기와 21세기의 전환기에 다미주신경 이론이라는 새로운 관점을 제시했다. '다미주'라는 용어에서 '다'는 '많을 다(多)' 자를 의미하며, 이는 곧 '복수의 미주신경'이라는 개념을 내포한다.

우리는 흔히 자율신경계가 교감신경계와 부교감신경계, 이 두 계통으로 이루어져 있다는 사실을 알고 있다. 교감신경계는 우리가 깨어

1) 역자주: The Pocket Guide to the Polyvagal Theory. 『다미주이론』(스티븐 포지스 저, 노경선 역 (2020), 위즈덤하우스)으로 번역되었다.

말초신경계와 자율신경계

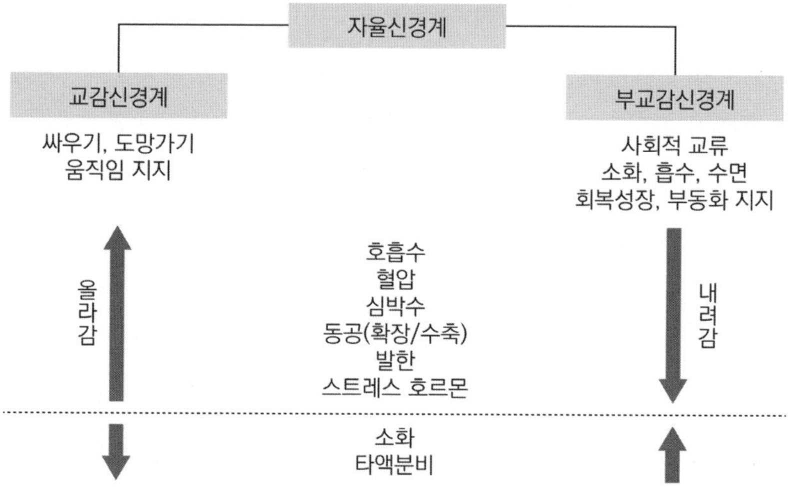

건강할 때는 교감신경계와 부교감신경계에서 항상성이 유지됨.

활동하는 시간, 특히 에너지를 쏟아내야 하는 상황에서 두드러진 활약을 보인다. 일하거나 운동할 때, 혹은 위협적인 상황에 맞닥뜨려 재빠르게 도망치거나 격렬하게 맞서 싸워야 할 때, 우리의 몸은 교감신경계의 지배를 받는다. 반대로 부교감신경계는 몸과 마음의 긴장을 풀고, 음식물을 소화하며, 깊은 잠에 빠지도록 돕는 역할을 한다. 일반적으로 교감신경계가 활발하게 작동할 때 부교감신경계는 잠잠해지고, 부교감신경계가 우세한 국면에서는 교감신경계가 차분한 상태를 유지하며, 이 두 시스템은 서로 조화롭게 협력하는 관계를 맺고 있다고 알려져 있다.

부교감신경계는 신체의 이완을 촉진하고, 영양분의 소화와 흡수를 도우며, 편안한 수면을 유도하는 것으로 알려져, 우리에게 긍정적인 인상을 심어준다.

부교감신경계에 대한 새로운 이해

포지스 박사는 갓 태어난 아기의 무호흡 현상에 주목했다. 신생아의 호흡이 갑작스레 멈추는 것은 생명과 직결되는 심각한 문제이다. 본래 소화와 휴식에 관여하는 것으로 알려진 부교감신경계가 아기의 무호흡에도 깊숙이 관여한다는 사실은 놀라운 발견이었다. 만약 이것이 사실이라면, 우리에게 편안함과 행복감을 선사하는 부교감신경계가 역설적으로 아기의 생명을 위협하는 데에도 관여한다는 모순이 발생한다고 포지스 박사는 생각했다. 이러한 의문에서 그는 부교감신경계가 지닌 두 가지 상반된 기능에 주목하게 된다. 하나는 우리가 익히 알고 있는 소화와 이완을 촉진하는 긍정적인 작용이다. 다른 하나는 생존의 위기에 직면했을 때 호흡과 심장 박동을 극단적으로 느리게 만들어 일종의 '셧다운(shutdown, 차단)' 상태를 유발하는 기능이다.

더 나아가 포지스 박사는 포유류의 부교감신경계에는 더욱 진화된 형태의 미주신경이 존재한다는 사실을 밝혀냈다. 소화와 휴식을 담당하는 기존에 알려진 미주신경과 더불어, 오직 포유류만이 특이하게 지닌 동료와의 사회적 교류를 촉진하는 또 다른 미주신경이 공존한다는 사실을 발견한 것이다. 포지스 박사는 소화와 휴식을 담당하는 미주신경이 뇌간의 등쪽 부위에서 기원한다는 점을 확인하고, 이를 '등쪽 미주신경계(dorsal vagal complex)'라고 명명했다. 반면, 동료와의 교류를 촉진하는 부교감신경은 뇌간의 좀 더 앞쪽, 즉 배쪽 부위에서 시작된다는 특징에 착안하여 '배쪽 미주신경계(ventral vagal complex)'라고 명명했다. 전문용어로는 각각 등쪽 미주신경 복합체, 배쪽 미주신경 복합체라고 칭하지만 여기서는 간결성을 위해 등쪽 미주신경계와 배쪽 미주신경계

자율신경계의 작용

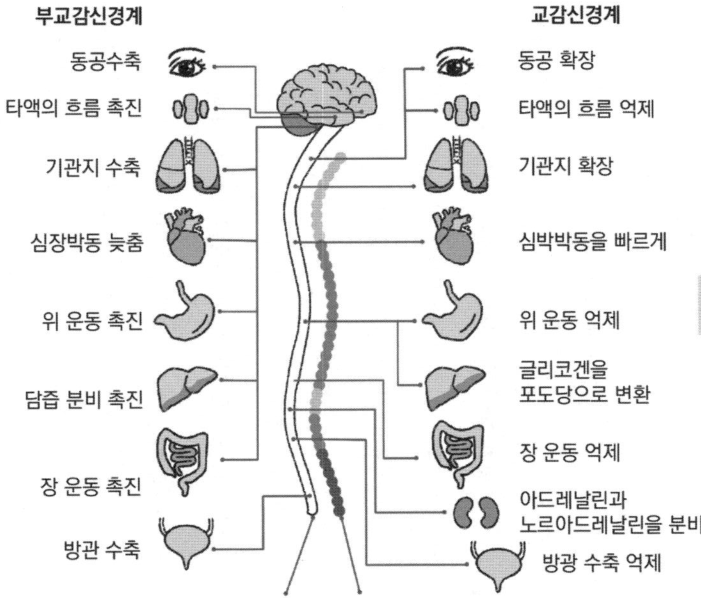

인간의 신경계

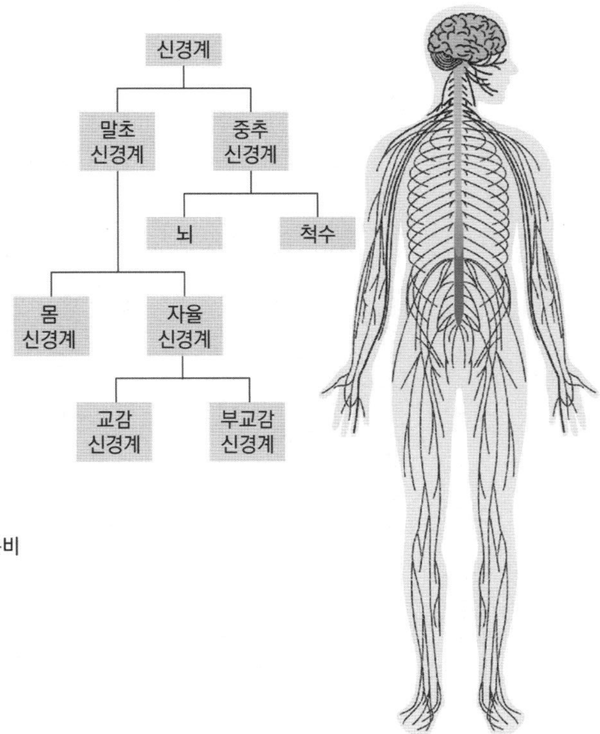

로 용어를 통일하여 사용하고자 한다.

신경계 진화의 역사

신경계는 오랜 진화의 과정을 거치며 점진적으로 변화해 왔다. 진화상 가장 오래된 형태인 등쪽 미주신경계는 비교적 오래된 생물에서도 그 흔적을 찾아볼 수 있다. 심해어를 상상해보자. 이들은 느릿하게 입을 벌렸다 닫았다 하며 최소한의 에너지로 호흡한다. 이처럼 등쪽 미주신경계가 우세한 생물은 신진대사가 느리고 움직임이 둔하며 산소 소모량 또한 극히 적다고 추측할 수 있다. 외부의 위협이 감지되면 그들은 몸을 숨기거나 움직임을 멈춤으로써 에너지를 보존하고 생존 가능성을 높인다. 이는 산소 소비를 최소화하여 자신을 보호하는 매우 원시적인 방어 반응의 일환이다.

이후 생물은 진화를 거듭하며 비교적 얕은 수심에서 민첩하게 헤엄치는 능력을 획득하게 되었고, 이 과정에서 교감신경계가 새롭게 등장했다. 등쪽 미주신경계만이 존재했던 초기 생물은 정적인 상태를 유지하며 최소한의 에너지로 위협에 대처했지만, 교감신경계의 발달로 더욱 능동적인 생존 전략이 가능해졌다. 위험에 맞닥뜨렸을 때 이들은 이전과는 비교할 수 없는 속도로 도망치거나, 적극적으로 맞서 싸워 자신을 방어할 수 있게 된 것이다.

더욱 흥미로운 점은 포유류에게서 독특한 신경계 진화가 일어나 배쪽 미주신경계가 출현했다는 사실이다. 알다시피 포유류는 어미가 젖을 먹여 새끼를 양육하는 특징을 지닌다. 이 과정에서 어미와 새끼 사이에는 매우 깊고 끈끈한 유대감이 형성된다. 어미는 본능적으로 아기를 귀여워하고, 아기는 어미에게 절대적인 애정을 느낀다. 어미는 아직 말을 하지 못하는 아기의 울음소리나 몸짓을 통해 그들의 요구를 이해하고 보살핀다.

포유류 중에서도 특히 인간은 섬세한 상호작용을 반복하면서 고도로 복잡한 신경계를 발전시켜 왔다. 인간은 목소리의 미묘한 톤을 구별하고 표정의 변화를 감지하며, 이를 바탕으로 정교한 사회적 교류를 할 수 있게 되었다. 따라서 이 배쪽 미주신경계는 인간의 사회적 유대 시스템을 근본적으로 지탱하는 역할을 한다. 사회적 유대 시스템이란 개인이 다른 사람들과 관계를 맺고 사회 속에서 원만하게 살아갈 수 있도록 몸에 갖춰진 복합적인 시스템을 말한다. 배쪽 미주신경계는 표정을 풍부하게 하고, 타인의 말을 정확하게 이해하며, 심장의 기능을 안정시키고, 공격적인 충동을 억제하여 동료들과 조화롭게 공존할 수 있도록 돕는 다양한 기능을 수행한다. 인간의 표정은 그 섬세함과 다양성에서 타의 추종을 불허한다. 그러나 웃는 도마뱀을 본 적은 없을 것이다. 배쪽 미주신경계와 표정근이 제대로 발달하지 못한 도마뱀은 무표정한 얼굴을 하고 있지만, 배쪽 미주신경계가 고도로 발달한 인간은 다채로운 표정과 운율 있는 목소리를 통해 풍부한 감정과 의미를 전달할 수 있다.

사회적 유대 시스템의 핵심, 배쪽 미주신경계

인간에게 있어 이 배쪽 미주신경계의 기능은 특히나 중요해졌다. 인류의 뇌가 본격적으로 커지기 시작한 것은 약 20만 년 전으로 추정된다. 불과 도구를 사용하고, 맛있는 과일이 있는 장소를 기억하며, 사냥감의 발자국을 구별하여 추적하고, 동료들과 정보를 효율적으로 교환하기 위해 음성을 통해 점진적으로 언어를 발달시키고, 생존을 위해 끊임없이 궁리하는 복잡한 과정 속에서 인간의 뇌는 비약적인 발전을 이루었다.

뇌의 발달로 더욱 영양가 있는 음식을 얻을 수 있었고, 이는 다시 뇌 용량을 확장할 수 있는 여유를 제공했을 것이다. 뇌가 커짐에 따라 뇌를 보호하는 머리뼈 또한 점차 커졌을 것으로 추정된다. 태어나는 아기의 머리 크기가 점차 커지면서, 어머니의 산도를 통과하는 데 어려움을 겪게 되었다. 이러한 생물학적 제약으로 인해 인간의 아기는 뇌가 완전히 발달하지 못하고 다소 미숙한 상태로 세상에 나오게 되었다.

뇌는 신체 기관 중에서도 많은 에너지가 필요하고, 특히 출생 후 첫 1년 동안은 급격한 성장을 위해 많은 영양분이 필요하다. 미숙한 상태로 태어난 아기는 스스로 고기를 씹어 먹을 수도 없고, 홀로 서서 위험으로부터 자신을 보호하거나 도망칠 수도 없다. 따라서 주변의 누군가가 아기가 충분한 영양을 섭취할 수 있도록 음식을 잘게 씹어 먹여주고, 외부의 위협으로부터 안전하게 보호하며, 끊임없이 곁에서 보살펴주어야만 생존할 수 있었다. 이러한 양육 조건으로 인해 어머니 혼자서 아기를 돌보는 일이 점점 어려워졌을 것이다.

게다가 인류는 비교적 안전했던 정글을 벗어나 광활한 사바나에서 살게 되었다. 사바나로 이주하게 된 이유로는 새로운 식량 자원을 찾아 이동했다는 가설, 혹은 숲이 점차 줄어들어 불가피하게 터전을 옮기게 되었다는 가설 등 다양한 추측이 존재한다. 어쨌든 사바나에서의 생활은 이전과는 비교할 수 없을 정도로 육식 동물에게 습격당할 위험이 훨씬 커졌다. 자신을 방어할 능력이 없는 연약한 존재인 아기는 육식 동물의 쉬운 먹잇감이 되었고, 그래서 영아 사망률이 높았을 것으로 추정된다. 이러한 환경에서 인류가 종족을 보존하기 위해서는 오랜 시간 동안 양육해야 하는 아기를 여러 명 낳아 기르는 수밖에 없었다. 이러한 필요성으로 인해 인류는 집단으로 육아하는 독특한 사회 시스템을 발전시키게 되었다고 한다. 이처럼 인류는 집단을 이루어 함께 생활함으로써 생존의 위협에 대처하고 종족을 보존할 수 있었다.

따라서 집단 내에서 서로의 감정을 이해하고 필요한 정보를 효율적으로 전달하는 의사소통 능력은 생존에 필수적인 요소였다. 이러한 필요 때문에 인류에게는 사회적 교류를 위한 배쪽 미주신경계가 발달하게 되었다.

배쪽 미주신경계는 표정은 물론 소리를 구분하는 귀의 기능(청각)에도 영향을 미친다. 또한 심장과 직접 연결되어 있다. 매우 정교한 브레이크 역할을 하여, 교감신경계의 과도한 활성화로 인한 흥분을 억제하고, 원활하게 대화하고 다른 사람과 연결할 수 있도록 심장 기능을 정교하게 조절한다. 다시 말해, 격렬한 감정에 휩쓸리지 않고 소통을 통해 문제를 해결할 수 있도록 신경계가 진화해 온 것이다.

'안전과 유대'의 신경계

지금까지 신경계에 대해 논의한 내용을 간략하게 정리해 보자. 진화적으로 가장 먼저 출현한 신경계는 부교감신경계의 일부인 등쪽 미주신경계로, 평상시에는 소화와 이완을 담당한다. 그러나 위기 상황에 직면했을 때는 급작스러운 제동을 걸듯 호흡이나 심장의 기능을 늦추어 '얼어붙게' 하거나 완전한 셧다운 상태를 일으킨다. 그 다음으로 발달한 것은 교감신경계로, 주로 활동적인 기능을 수행한다. 싸우거나 도망치는 반응을 관장하는 신경계이기도 하다. 위험한 육식 동물의 공격을 받았을 때 신속히 도피하거나, 맛있는 먹이를 발견했을 때 힘을 내어 사냥하는 등 영양가 높은 음식을 획득하여 생존하는 데 교감신경계는 매우 중요한 역할을 담당했다. 마지막으로 포유류에게만 특이하게 발달한 것이 부교감신경계의 또 다른 갈래인 배쪽 미주신경계이다. 이 신경계는 동료와의 연결을 촉진하고, 안전하고 편안한 삶을 영위하는 데 필수적인 역할을 한다.

더욱 간결하게 요약하자면, 생물은 초기 진화 과정에서 산소 소모를 최소화하고 위급한 상황에 부닥쳤을 때 죽은 척하며 위기를 모면하는 다소 미숙한 형태의 신경계, 즉 등쪽 미주신경계를 발달시켰다. 그 후, 신속하게 도망치거나 적극적으로 싸워 자신을 보호할 수 있도록 교감신경계를 진화시켰다. 마지막으로 포유류가 출현한 이후에는 주변 동료들과 원활하게 협력하고 서로 즐겁고 행복하게 공존하기 위해 공격적인 성향의 교감신경계를 조절하고 타인과의 긍정적인 관계 형성을 돕는 배쪽 미주신경계를 발달시켰다.

원숭이는 동료들과 함께 먹이를 먹을 때 특유의 소리를 낸다. 인간의 어린 여자아이들 또한 특별한 내용 없이도 끊임없이 수다를 떤다. '정말?', '진짜야?', '싫어!', '웃기다!'와 같은 말들은 표면적인 의미는 크지 않다. 그러나 이러한 언어적 교류는 배쪽 미주신경계를 활성화해 서로에게 '우리는 같은 무리야', '난 네게 적대감이 없어', '지금은 안전해'라는 무언의 신호를 전달하고 확인하는 과정이다.

배쪽 미주신경계는 서로 '안전하다'라는 '신호'를 주고받을 때 더욱 활발하게 작동하며, '안전하다'라고 느낄 때 그 기능이 강화된다. 안전과 유대감은 포유류가 건강하게 생존하는 데 절대적으로 필요한 요소이며, 이러한 관점에서 볼 때 배쪽 미주신경계를 '안전과 유대'의 신경계라고 부를 수 있다.

'얼어붙기'란?

그렇다면 여기서 '셧다운' 혹은 '얼어붙기'라는 현상에 대해 좀 더 자세히 설명해 보자. 생명이 위태로운 극단적인 상황에 직면했을 때, 신경계 중에서도 가장 원시적인 형태인 등쪽 미주신경계가 극도로 우세해지면 셧다운 또는 얼어붙기 상태에 이르게 된다. 이 상태에서는 감정 인식이 둔화되고 통증 또한 잘 느껴지지 않는다. 마치 주마등처럼 과거의 장면들이 스쳐 지나가거나, 외부에서 벌어지는 상황을 마치 먼 곳의 일처럼 인식하기도 한다. 심지어 생명의 위협에 놓인 자신을 제3자의 시점에서 바라보는 듯한 느낌을 경험했다는 사람들도 있다.

이러한 반응은 육식 동물에게 잡혀서 먹힐 위기에 처한 동물에게는 궁극적으로 유리하게 작용할 수 있다. 더 이상 살아남을 가능성이 희박한 상황에서 고통이나 극심한 공포를 느끼는 대신, 비교적 고요하게 최후를 맞이할 수 있기 때문이다. 또한 육식 동물은 움직임이 없는 먹잇감에 흥미를 잃는 경향이 있다. 죽은 동물의 고기를 먹었을 때 질병에 걸릴 위험을 본능적으로 인지하기 때문에, 사냥감이 꿈틀거리거나 격렬하게 저항할 때는 매력적인 먹이로 인식하지만, 축 늘어져 움직이지 않으면 혹시 위험하지 않을까 판단하고 그 자리를 떠나는 경우가 많다. 이러한 순간적인 '죽은 척' 전략을 통해 절체절명의 위기에서 벗어난 동물은 잠시 후 다시 호흡을 시작하며 몸을 떨어 불필요한 교감신경계의 흥분을 외부로 발산한 후, 재빠르게 안전한 장소로 도망친다. 이처럼 얼어붙기 반응은 고통 없는 죽음을 가능하게 하고, 동시에 기적적으로 생존할 가능성을 높이는 자연의 놀라운 생존 메커니즘이라고 할 수 있다.

신경지각, 뉴로셉션이란?

포지스 박사는 인간을 포함한 생명체가 끊임없이 주변 환경이 안전한지 아닌지를 무의식적으로 감지하고 판단하는 고유한 능력을 지니고 있다고 주장한다. 그리고 이 메커니즘을 신경(neuro)과 수용(reception)이라는 두 용어를 결합하여 '뉴로셉션(neuroception)', 즉 신경지각[2)]이라고 이름 붙였다.

이는 우리가 의식하지 않고 항상 수행하는 자동적인 과정이라고 그는 설명한다. 예를 들어, 길을 건널 때 신호등이 파란색으로 바뀌어서 횡단보도를 건너기 시작했다고 가정해 보자. 이 상황은 눈에 보이는 시각 정보를 바탕으로 '지금은 안전하다'라고 의식적으로 판단한 결과이다. 그러나 막 발걸음을 내딛는 순간, 갑자기 움찔하며 뒤로 물러서게 되고, 그 직후 예상치 못한 곳에서 자전거가 빠른 속도로 나타나 바로 눈앞을 스쳐 지나간다. 이처럼 명확히 인지하지 못하는 미묘한 감각적 신호를 통해 위험을 감지하는 것이 바로 신경지각의 작용이다. 이 '왠지 모르게 온몸으로 느껴지는 것'이 바로 신경지각이며, 이는 의식적인 판단 없이 순식간에 위험을 회피하는 반응으로 이 경우에는 '도망가

2) 역자주: 보통 신경지, 신경지각, 신경수용성으로 번역되나, 독자의 이해를 돕기 위해 '신경지각'으로 번역하였다.

기' 반응을 일으켰다.

이처럼 신경지각은 단순히 주변 환경을 감지하는 것에 그치지 않고 그에 따른 최적의 반응을 자동적으로 선택하기도 한다. 주변 상황이 안전하고 사회적 교류가 가능한지, 아니면 싸우거나 도망치는 것이 유리한지, 혹은 생명의 위협이 임박했으니 얼어붙는 것이 최고의 선택인지를 '생각'이라는 의식적인 과정을 거치지 않고 무의식적으로 결정하게 되는 것이다.

흥미롭게도 내장의 감각 또한 신경지각에 큰 영향을 미친다. 우리는 일상에서 '가슴이 답답하다.', '속이 후련하다'와 같이 내장의 감각을 비유적으로 표현하는 말들을 자주 사용한다. 이러한 표현들 역시 신경지각의 한 형태라고 볼 수 있다.

신경지각의 발달 양상은 개인의 건강 상태뿐만 아니라 지금까지 경험해 온 삶의 궤적에 따라 크게 달라질 수 있다. 예를 들어, 어린 시절 안전하고 안정적인 환경에서 성장한 사람은 신경지각 능력이 원만하게 발달하여 안전과 위험을 적절하게 변별할 가능성이 크다. 타인의 긍정적인 측면을 잘 인식하여 원활한 사회적 관계를 형성하는 동시에 잠재적인 위험신호 또한 적절히 포착하여 문제가 발생하기 전에 미리 방지할 수 있는 능력을 갖추게 된다.

반면에 어린 시절 예측 불가능한 부모의 감정 변화에 끊임없이 눈치를 보며 불안감을 느꼈던 사람들은 신경지각이 제대로 발달하지 못하여 항상 주변에서 위험신호만을 탐색하는 경향을 보일 수 있다. 또한 사소한 자극에도 과민하게 반응하고, 타인의 부정적인 측면을 지나치게 부각하여 관계에서 끊임없이 문제가 발생할 것이라고 단정적으로 예측하거나, 반대로 부적절한 사람에게까지 무분별하게 친밀감을 형성하여 깊은 관계에 빠져들고 결국 문제를 일으킬 가능성도 있다.

다음 장에서 자세히 다루겠지만 발달과정에서 심각한 트라우마를 경험한 사람은 신경지각 시스템이 지속해서 위험을 감지하도록 작동하여 '싸우기 /도망가기 반응'이나 '얼어붙기'와 같은 극단적인 생존 반응을 쉽게 선택하는 경향이 있다고 한다. 여기서 반드시 기억해야 할 점은, 우리 반응의 대부분은 의식적인 의지가 아니라 신경지각에 의해 무의식적으로 이루어지며, 그 신경지각 능력은 개인이 성장해 온 환경과 경험의 영향을 많이 받는다는 사실이다.

CHAPTER 07

트라우마와 다미주신경 이론

인간은 왜 외상 후 스트레스 장애PTSD를 겪을까?

대자연에서 살아가는 동물들은 이러한 '얼어붙기' 상태에서 자연스럽게 벗어난다고 전해진다. 가령, 사자에게 붙잡힌 얼룩말이 극도의 공포로 인해 얼어붙었고 이에 사자가 흥미를 잃고 자리를 떠났다고 가정해 보자. 간신히 목숨을 건진 얼룩말은 잠시 후 다시 숨을 쉬기 시작하더니 쏜살같이 달아나 잠시 몸을 떨다가 아무 일도 없었다는 듯이 다시 평온하게 풀을 뜯기 시작한다. 얼룩말은 인간처럼 뇌가 복잡하게 발달하지 않았기에 '몸을 떨다니 부끄럽다'라고 자책하거나 '사자가 또 쫓아오면 어떡하지'와 같이 미래를 예측하며 불안에 떨지 않으므로 신속하게 건강을 회복할 수 있다고 한다. 그러나 인간의 경우는 이처럼 쉽지 않다.

인간의 뇌는 고도로 발달하였다. 이는 우리에게 수많은 혜택을 선사했지만 다른 한편으로는 생명의 위협을 경험했을 때 PTSD라는 골치아픈 부작용을 일으키기도 한다. PTSD 상태에 빠지면 신경계는 항상

경계 태세를 유지하게 된다. 사소한 소리만 들어도 '그때 공격당했을 때와 같은 일이 일어나는 건 아닐까?' 하는 생각에 온몸을 떨며 공포에 휩싸이게 된다. 신경계가 항시 경계 상태에 놓이게 되므로 식욕과 수면, 생식능력 등 기본적인 생리 기능에도 부정적인 영향을 미친다.

부적절한 양육으로도 PTSD가 생긴다

부적절한 양육 또한 비슷한 상태를 초래할 수 있다. 이미 성인이 되었음에도 어머니의 지시에 저항하지 못하거나 아버지와 유사한 성향의 상사에게 질책받으면 자신은 살아 있을 가치가 없다고까지 느끼며 심한 우울감에 빠지곤 한다. 위험이 사라졌음에도 불구하고 신경계는 여전히 그 위험한 상황이 지속되고 있다고 착각하는 것이다.

또는, '얼어붙기' 상태가 영구적으로 지속되는 사람들도 존재한다. 겉으로 보기에는 학업이나 업무 능력이 뛰어난 것처럼 보일 수 있지만 감정적인 측면에서는 깊이 얼어붙어 있는 경우이다. 이러한 사람들은 삶의 의미를 상실하고 즐거움이나 기쁨과 같은 긍정적인 감정을 느끼기 어렵다고 한다. 일단 얼어붙게 되면 우리가 가진 복잡하게 진화한 신경계의 특성 때문에 오히려 그 얼어붙은 상태에서 벗어나지 못하게 되어버린 것이다.

이처럼 부적절한 양육으로 인해 PTSD가 생겼다면 발달 트라우마를 겪고 있다고 할 수 있다. 심신이나 행동에 이상 증세가 발현되는 것을 전문적으로는 '발달 트라우마 장애'라고 칭한다. 이러한 신경계의 오작동에 대해서는 소매틱(somatic) 접근법이 유효하다고 알려져 있으며, 이에 대한 상세한 내용은 후반부에서 자세하게 다룰 것이다.

위험에 대응하는 순서

그런데, 이 다미주신경 이론에서 포지스 박사는 흥미로운 주장을 펼친다. 위기에 직면했을 때 인간은 진화의 순서와는 역방향으로 반응한다는 것이다. 즉, 위험에 처했을 때 인간은 가장 최근에 진화한 배쪽 미주신경계를 활용하여 대화를 통한 사회적 해결을 시도함으로써 위험을 피하려 한다는 것이다. 그것이 여의찮을 때 다음으로 교감신경계를 사용하여 싸우거나 도망치는 반응을 보인다. 그러나 상대가 압도적으로 강하거나 혹은 공격이 예측 불가능하게 갑작스러울 때는 적절하게 대처하기 어렵다. 그래서 최종적으로 진화상 가장 오래된 등쪽 미주신경

안전 · 위험 · 생명의 위협과 자율신경계의 상태

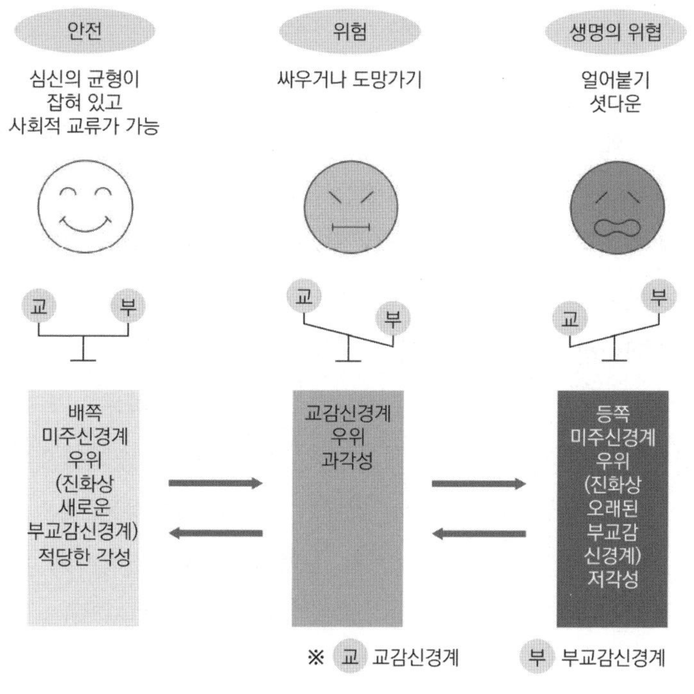

계를 사용하여 '얼어붙기' 반응을 나타낸다는 것이다.

배쪽 미주신경계는 이른바 '분위기를 감지하는 신경계'이기도 하다. 상대방의 미세한 표정이나 몸짓, 말투 등을 통해 상대의 기분 상태를 파악하고, 자신이 어떠한 태도를 보이는 것이 상호작용에 긍정적인 영향을 미칠지 판단한다. 이는 다른 사람들과 더불어 살아가는 데 매우 중요한 사회적 기술이다.

배쪽 미주신경계는 태어날 때 완전히 발달한 상태가 아니다. 임신 7개월 무렵부터 점진적으로 발달하기 시작하여 생후 6개월 사이에 가장 활발하게 발달한다고 한다. 그러나 제대로 충분히 발달하려면 약 25세까지 상당한 시간이 소요되는 것으로 알려져 있다. 즉, 배쪽 미주신경계가 제대로 기능하기 위해서는 오랜 세월에 걸친 성숙 과정이 필요하다는 의미이다. 그렇다면 이 배쪽 미주신경계의 발달을 촉진하기 위해서는 어떠한 노력이 필요할까?

태어날 때 아기는 소화와 휴식을 담당하는 등쪽 미주신경계와 울거나 젖을 찾는 데 필요한 교감신경계를 갖추고 세상에 나온다. 하지만 사회적 교류에 핵심적인 배쪽 미주신경계는 아직 미숙한 상태이다. 이 미숙한 배쪽 미주신경계를 성숙시키기 위해서는 배쪽 미주신경계가 잘 발달한 성인이 아기를 부드럽게 어르고 말을 걸어주는 등 세심한 보살핌이 필수적이라고 알려져 있다.

아기가 울 때 부모가 짜증을 내거나 혼란스러워하는 반응을 보이면 아기는 사람과 연결되고자 하는 기본적인 욕구를 충족시키지 못하게 된다. 이는 아기의 배쪽 미주신경계가 제대로 발달하는 것을 저해하는 요인으로 작용한다. 또한, 단순히 아기에게 밥을 먹이거나 옷을 입히는 등 기본적인 생리적 욕구를 충족시키는 것만으로는 배쪽 미주신경계의 건강한 발달을 보장할 수 없다. 눈을 맞추고, 따뜻하게 웃어주고, 부드러운 목소리로 말을 걸어주고, 편안한 자장가를 불러주고, 아기가 내는 소리에 민감하게 반응하며 상호작용하고, 아기의 발달 단계에 적합한 놀이를 함께 해주는 등의 적극적인 상호작용을 통해서 비로소 배쪽 미주신경계가 건강하게 발달하게 되는 것이다.

만일 이 시기에 적절한 상호작용이 이루어지지 않는다면 어떻게 될까? 이에 대한 자세한 내용은 다음 장에서 다루도록 한다.

CHAPTER 08

다미주신경 이론과 발달 트라우마

아기의 신경계가 건강하게 자라려면?

1장에 언급한 『회복력을 키운다』에서는 어린 시절 부모와의 따뜻한 관계를 경험하지 못한 사람의 신경계가 어떠한 방식으로 발달하는지 설명한다.

아기가 울음을 터뜨리면 부모는 즉각적으로 기저귀가 젖었는지, 배가 고픈 것은 아닌지 등 다양한 가능성을 염두에 두고 아기의 요구를 파악하여 충족시키고자 노력한다. 또한, 환한 미소로 부드럽게 말을 건네거나, 나긋한 목소리로 자장가를 불러 아기의 불안감을 잠재운다. 이러한 양육 환경 속에서 아기는 자연스럽게 '여기는 안전하구나', '나는 환영받고 있구나', 즉 '나는 안전하다'는 긍정적인 인식을 형성하게 된다.

그러나 만약 아기가 울음으로 도움을 요청해도 아무도 다가오지 않거나, 축축하고 불쾌한 기저귀를 오랫동안 착용해야 하거나, 배고픔을 느낀 채로 방치된다면, 아기는 본능적으로 '이곳은 불편하고 싫은 곳'이라는 부정적인 감정을 느끼게 된다. 소리를 내어 자신을 돌봐달라고 간절히 외쳐도 부모가 무표정한 얼굴로 일관하거나 아기를 무시하는 태도를 보인다면 아기는 더욱 깊이 '나는 환영받지 못하는 존재구나', '이곳은 안전하지 않구나'라고 느끼게 된다. 이는 앞서 설명한 신경지각을 통해 온몸으로 느끼는 감정이기 때문에 단순한 인지적 판단을 넘어 신체 전체에 각인되는 경험이라고 할 수 있다.

교감신경계의 작용으로 '울음'이라는 명확한 '신호'를 보냈음에도 불구하고 상황이 개선되지 않으면 교감신경계를 통한 문제 해결 시도는 실패로 돌아간다. 그러면 아기는 더욱 오래된 신경계의 작동 방식에 의존하게 된다. 요컨대, 아기는 등쪽 미주신경계를 활성화해 '얼어붙기' 반응으로 빠져든다고 한다. 등쪽 미주신경이 우위를 점하게 되면 소화기능에도 문제가 생겨 영양분을 제대로 섭취하지 못하게 되어 건강한 신체 발달에 어려움을 겪을 수 있으며, 무기력증이나 우울증과 같은 심리적 문제에 취약해질 가능성도 존재한다. 더욱 심각한 점은 아기가 적절한 반응을 받지 못하거나 학대와 같은 부정적인 경험에 지속해서 노출될 경우 뇌의 성장 발달에도 심각한 악영향을 미칠 수 있다는 사실이다.

아기는 아직 자신의 의지로 몸을 움직여 부적절한 환경에서 벗어나 다른 안전한 곳으로 도망칠 수도 없고, 언어를 사용하여 '멈춰 달라'고 명확하게 요구할 수도 없다. 걷는 능력도 말하는 능력도 아직 발달하지 못한 단계이기 때문이다. 무엇보다 자신에게 어떠한 일이 일어나고 있는지 명확하게 이해하는 것 자체가 불가능한 시기이다. 따라서 갑작스러운 소리와 같은 외부 자극으로 인해 극심한 불안감을 느끼는데도 주변의 누구에게도 도움을 받지 못하면, 아기에게는 '얼어붙기'라는 극단적인 방어 반응 외에는 다른 선택의 여지가 없다. 어린 시절 부모로부터 따뜻한 위로와 안정을 받는 '공동 조절(co-regulation)' 경험이 부족한 사람은 성장해서도 스트레스 상황에 직면했을 때 '얼어붙기' 반응에 쉽게 빠질 가능성이 크다고 한다.

부적절한 양육 방식이나 기타 다양한 부정적인 요인으로 인해 발달 트라우마가 발생하면 아이의 신경계 발달에 심각한 영향을 줄 수 있다. 아기는 어머니의 따뜻한 시선을 마주하거나, 부드러운 목소리를 듣거나, 기분 좋은 촉감을 경험하면서 안정적으로 성장한다. 이러한 긍정적인 상호작용 속에서 아기는 본능적으로 '나는 안전하다'는 느낌을 내면화하게 된다. '나는 환영받고 있으며 안전하게 지낼 수 있다'는 긍정적인 자기 이미지를 형성하게 되는 것이다. 이러한 긍정적인 경험은 배쪽 미주신경계의 건강한 발달을 촉진하여 타인의 감정을 민감하게 헤아리거나 얼굴빛이나 목소리 톤 등에서 상대방의 상태를 신속하게 파악하여 상대방이 편안하고 기분 좋게 느낄 수 있도록 적절하게 행동하는 사회적인 습관을 자연스럽게 체득하게 된다. 자신 또한 주변 사람들에게 긍정적인 '신호'를 보내고, 상대방이 보내오는 그러한 '신호'를 기꺼이 받아들이면서, 서로 편안하고 안정적인 상호작용을 지속할 수 있게 되는 것이다. 이는 곧 안정적인 신경지각 기능이 신체에 자연스럽게 체화되었다고 해석할 수 있다.

그러나 만약 이 시기에 아이가 부모로부터 적절한 반응을 얻지 못했다면 아이는 자신이 '안전하지 않다'라고 느끼게 된다. 그러면 아이의 신경계는 끊임없이 주변 환경을 탐색하며 안전을 위협하는 요소를 찾으려 한다. 자신에게 해를 끼칠 수 있는 존재가 주변에 있을지도 모른다는 불안감에 휩싸여 방어적인 태도를 보이게 되는 것이다. 즉, 위험 요소만을 극단적으로 감지하는 신경지각 패턴이 형성되어 버리는 것이다. 이러한 발달 과정은 아이가 타인의 감정을 섬세하게 이해하고, 상대방을 편안하게 해주는 적절한 언어적이고 비언어적인 표현 방식을 학습하는 데 심각한 어려움을 초래한다. 결과적으로, 이러한 어려움을 안고 성장한 아이는 다른 사람들과 원활한 관계를 맺고 사회생활을 영위하는 데 지속적인 어려움을 겪게 된다.

인간은 매우 고도로 발달한 뇌를 가지고 있다. 따라서 '얼어붙기' 반응이 나타난다고 해서 소리조차 내지 못하거나 몸이 완전히 경직되어 움직일 수 없는 상태가 되는 것은 아니다. 부적절한 경험으로 가득 찬 가혹한 어린 시절을 보낸 사람 중에는 성인이 되어서도 감정 표현을 억제하고 타인과의 깊은 관계 형성을 회피하며 고립된 삶을 살아가는 경우가 있다. 반대로, 겉으로는 다른 사람들과 원만하게 어울리는 것처럼 보이지만 내면 깊숙한 곳에서는 감정이 얼어붙어 집에 돌아오면 삶의 의미나 희망을 느끼지 못한 채 무기력감과 막막함에 짓눌리는 사람들도 있다. 이러한 상태 또한 넓은 의미에서 '얼어붙기' 반응이라 볼 수 있다.

발달 트라우마를 경험한 내담자들은 종종 "평범한 사람인 척하는 것만으로도 지친다"고 토로한다. 내면 깊숙한 곳은 차갑게 얼어붙어 있지만 어떻게든 사회에 적응하기 위해 부단히 노력하고 자신의 취약한 부분을 숨기려 애쓰다 보니, 하루를 마치고 나면 지쳐버리는 것이다. 이러한 지속적인 긴장 상태에서는 진정으로 인생을 즐기거나 미래에 대한 희망찬 꿈을 꾸는 것이 불가능하다.

배쪽 미주신경계의 조절 장애로 인해 발생하는 문제들

배쪽 미주신경계가 제대로 발달하지 못하고 위험에 민감한 '신경지각'을 갖게 되면 크게 세 가지 주요 문제가 발생한다. 첫째, '나는 근본적으로 가치 없는 존재다'라고 깊이 각인된 '어쩔 수 없는 수치심'을 경험하게 된다. 둘째, 타인과의 원활한 사회적 관계 형성에 어려움을 겪게 된다. 마지막으로, 몸 건강이 나빠지는 경향을 보인다.

포지스 박사는 배쪽 미주신경계를 오케스트라에 비유하며, 이는 교감신경계와 등쪽 미주신경계가 조화롭게 기능하도록 지휘자의 역할을 한다고 설명한다. 일상적인 상황을 예로 들어 좀 더 쉽게 이해를 돕고자 한다.

> 우리가 잠을 잘 때는 안온한 휴식을 관장하는 등쪽 미주신경계의 활력이 두드러진다. 아침에 일어나면 교감신경계가 점차 우위를 점하며 세수하고 아침을 먹을 때쯤에는 일상적인 행위를 통해 몸과 마음이 상쾌해진다. 아침 식사를 마치고 나면 배경처럼 은은히 작용하는 등쪽 미주신경계의 평온한 움직임 속에서 소화와 흡수라는 생리적 과정이 진행된다. 출근이나 통학을 위해 걷거나 대중교통을 이용하는 이들의 경우, 신체를 움직이는 동안에는 교감신경계의 작용이 다소 우세해진다. 그러다 문득 길에서 친구를 마주쳐 반가운 미소와 함께 '안녕'이라는 인사를 건네는 순간에는 사회적 소통을 가능하게 하는 배쪽 미주신경계가 활발히 작동한다.
>
> 이처럼 배쪽 미주신경계가 마치 능숙한 지휘자처럼 등쪽 미주신경계와 교감신경계의 상반된 작용을 적절히 조율하고 내장의 상태 또한 평온하게 유지되어 '쾌'의 감각이나 '안전하다'는 감각을 느끼게 되면 그 결과로서 '나는 잘 하고 있다', '이 세상은 좋은 곳이다'와 같은 긍정적인 느낌을 받게 된다. 막연하지만 근본적인 안정감과 자기 긍정의 기분으로

이어지는 것이다.

근원적인 '수치감'

아기 시절 양육자로부터 적절한 반응을 받지 못하면 '나는 몹시 못난 존재다', '나는 수치스러운 존재다'라는 느낌이 들게 된다. 나아가 언어를 이해하기 시작하면서 부모로부터 예를 들어 '안 돼', '싫어'와 같은 부정적인 피드백을 반복적으로 듣게 되면 '배가 고프다', '화장실에 가고 싶다', '안아주면 좋겠다'와 같은 지극히 자연스러운 본능조차 죄책감이나 수치심으로 느끼게 될 수 있다. 자기 존재 자체에 대한 근원적인 무가치감과 수치심이 마음 깊이 각인되어 '나는 가치가 없는 인간이다'라며 자신을 부정적으로 인식하고 결국 자신을 소중히 여기는 방법조차 제대로 배우지 못하게 된다.

'놀이'라는 사회적 교류

이제 '사람들과 잘 어울리지 못한다'라는 면에 대해 생각해보자. 아이는 '놀이'를 통해 다른 사람과 잘 지내는 방법을 배워나간다. 그런데 신경계가 잘 조절되지 않으면 '놀이'를 할 수 없게 된다. 예를 들어, '사람들과 잘 어울리지 못한다'라는 점에 대해 한번 생각해보자. 아이는 '놀이'라는 사회적인 활동을 통해 다른 사람들과 어떻게 관계를 맺고 지내야 하는지를 배워나간다. 그런데 신경계가 제대로 조절되지 않으면 이러한 '놀이' 자체가 어려워질 수 있다. 예를 들어 이런 상황을 상상해보자.

학교 가는 길에 친구가 재미 삼아 자기 책가방을 툭 쳤다고 하자. 이때 배쪽 미주신경계가 활발하게 작동하고 있다면 아이는 친구의 웃는 얼굴이나 장난기 어린 목소리에서 그 행동이 '놀이'라는 것을 알아챌 수 있다. '놀이'는 서로 간의 사회적인 교류이기 때문에 아이는 마찬가지로 장난스럽게 친구의 책가방을 툭 친다. 그렇게 학교 가는 길에 서로 번갈아 가며 책가방을 두드리는 장난을 치며 즐거워하는 것이다. 아이들은 너무 세게 때리지 않도록 자기 안의 공격성을 잘 조절하면서 동시에 상대방에게 '나는 너를 해치지 않아'라는 안전하다는 신호를 보낸다. 이러한 상호작용을 통해 즐거움을 느끼고 상대와 친밀감을 쌓는 방법을 자연스럽게 익히게 된다. 이처럼 배쪽 미주신경계가 건강하게 기능한다면 상대가 자신에게 장난을 걸고 있다는 것을 충분히 이해할 수 있게 된다.

신경계가 잘 작동하는 성인이 있으면 함께 조절할 수 있다

때로는 사이좋게 놀던 아이들이 자신들도 모르는 순간에 감정이 격해져 공격적인 모습을 보일 때가 있다. 이는 아직 아이들의 배쪽 미주신경계가 완전히 발달하지 못해 자신의 공격성을 제대로 조절하기 어렵기 때문이다. 그래서 순간적으로 '싸움'의 상태로 넘어가는 것이다.

이러한 상황에서는 배쪽 미주신경계가 잘 발달한 어른의 존재가 필요하다. 어른이 부드럽게 두 아이를 떼어놓고 각자 어떤 일이 있었는지 이야기를 들어주며 차분하게 진정시키는 목소리로 아이들이 서로의 말에 귀 기울이게 한다. 아픈 곳이 있다면 부드럽게 쓰다듬어 촉각적인 안정을 주고 '지금은 안전하다'는 신호를 분명하게 보내면 아이들의 과도하게 활성화된 교감신경계가 서서히 안정된다. 이것이 바로 안정된 어른의 신경계를 활용한 '공동 조절'의 좋은 예시이다.

'놀이'를 할 수 없다

반면 가방이 두드려진 아이의 배쪽 미주신경계가 제대로 작동하지 않으면 친구가 장난을 걸고 있다는 것을 이해하기 어렵다. 상대방의 표정이나 몸짓 등 시각적인 신호로부터 현재 어떤 상황인지 정확하게 파악하기 힘들기 때문이다. 배쪽 미주신경계의 기능이 저하되면 교감신경계의 '싸우거나 도망가는' 반응을 효과적으로 억제하지 못한다. 따라서 그 행동을 장난이 아닌 '공격'으로 받아들여 상대방의 머리를 주먹으로 때릴 수도 있다. 예상치 못한 반응에 장난을 건 아이는 울음을 터뜨리고 때린 아이 역시 당혹감과 죄책감에 울기 시작한다. 이러한 상황에서는 '놀이'를 통한 건강한 사회적 상호작용이 일어나지 않는다.

또한, 이러한 상황에서 쉽게 '얼어붙기' 반응을 보이는 아이들도 있다. 어린 시절 반복적으로 무력감을 느꼈던 아이는 '얼어붙기' 상태에서 벗어나는 방법을 알지 못한다. 등굣길에 친구가 웃으며 다가와 책가방을 툭 치면 얼어붙기 쉬운 아이는 그 '신호'를 함께 '놀이'하자는 초대라고 해석하지 못한다. 자신에게 '공격'이 가해졌다고 느끼고 극심한 두려움에 몸이 굳어버린다. 이 아이는 아무 말도 못 한 채 고개를 숙이고 훌쩍이며 학교까지 걸어간다. 교실 안은 반 친구들의 활기찬 소리로 가득하지만 이러한 아이에게는 많은 아이의 존재 자체가 위협적으로 느껴질 수 있다. 결국 교실은 아이에게 고통스러운 공간이 되어 버린다.

'얼어붙기' 경향이 있으면 위장 문제로 이어질 수 있다

'얼어붙는' 경향이 강한 아이는 이러한 위협적인 상황에 놓이면 배쪽 미주신경계가 마치 급정거하듯 갑자기 작동하여 배가 심하게 아프거나 설사를 할 수 있다. 또한 방광 조절이 어려워져 쉽게 오줌을 싸기도 한다. 밤에는 악몽에 시달리거나 잠을 제대로 이루지 못하고, 사소한 일에도 깜짝깜짝 놀라며, 때로는 갑자기 큰 소리를 지르기도 한다. 어린 시절부터 천식, 스트레스성 피부염, 변비나 설사, 어지럼증, 혈액 순환 불량, 어깨 결림, 편두통 등 다양한 신체적인 어려움을 겪기도 한다.

어린아이가 마치 지친 직장인과 같은 여러 가지 증상을 보이는 이유는 배쪽 미주신경계가 제 기능을 제대로 발휘하지 못하기 때문인데 이는 마치 오케스트라에 지휘자가 없는 것과 비슷하다고 할 수 있다. 바이올린도 클라리넷도 제멋대로 연주하고 심벌즈 연주자는 정신없이 큰 소리만 내며 끊임없이 불협화음이 발생하는 혼란스러운 상태이다.

섹슈얼리티의 문제

사람들과 어떻게 잘 지내는가의 문제는 성인이 된 후 배우자를 찾아 가정을 이루고 아이를 낳는 문제와 직접적으로 연결된다. 물론 섹슈얼리티에는 다양성이 있고 가정을 꾸리고 자녀를 낳는 것만이 인간 삶의 유일한 목표는 아니다. 기본적인 인권은 이러한 다양성이 존중될 때 비로소 지켜질 수 있다. 하지만 이러한 다양성 속에서도 배우자를 만나 가정을 이루고 아이를 낳기를 원하는 사람들이 많을 것이다. 이러한 사람들에게 어린 시절의 부적절한 양육 경험으로 인해 배쪽 미주신경계가 제대로 발달하지 못해 다른 사람들과 함께 있어도 끊임없이 두려움과 긴장감을 느끼고 진정한 친밀감을 경험하지 못하는 것은 매우 심각한 문제이다.

부적절한 양육을 받으면 본래 자신을 가장 사랑하고 아껴주어야 할 부모로부터 마음과 몸에 깊은 상처를 입게 된다. 이는 세상에 대한 근본적인 불신으로 이어지고 다른 사람과 함께 있어도 그 사람 자체가 잠재적인 위협으로 느껴지게 만든다. 이러한 상태에서는 사랑을 주고받으며 다시 에너지를 얻는 것조차 어려워진다.

두 사람이 성관계를 가질 때는 서로 무방비한 상태로 편안하게 이완되어 성적인 흥분감을 느끼며 오르가슴에 도달한다. 하지만 배우자와 함께 있어도 끊임없이 '언제 어디서 위험이 닥칠지 모른다.', '나는 안전하지 않다'라고 느끼면 몸과 마음의 긴장을 풀 수 없고 그러한 상태로는 성관계를 제대로 즐기거나 오르가슴을 경험하기 어렵다. 발달과정에서 트라우마를 겪은 많은 내담자가 '섹스를 즐길 수 없다', '느끼는 척은 하지만 실제로 오르가슴을 느끼지 못한다'고 토로한다.

그럴 수밖에 없다. 우선, 다른 사람과 함께 있을 때 편안하게 긴장을 풀 수 있도록 돕는 배쪽 미주신경계가 제대로 발달하지 않았다면 끊임없이 위협을 느끼는 상황에서 성관계는 불가능에 가깝다. 이러한 '안전하지 않다'는 느낌은 이성적인 판단이 아니라 신경계와 몸 전체에서 비롯된다. 따라서 아무리 머리로는 '이 사람은 나를 사랑한다', '성생활을 즐겁게 하자'고 생각하려 해도 몸은 쉽게 따라주지 않는다. 더욱이 어린 시절 부적절한 양육을 경험했을 뿐만 아니라 부모가 성에 대해 부정적인 태도를 보였다면 더욱더 긴장을 풀거나 성적인 즐거움을 느끼기 어려울 것이다.

어떤 이들은 배우자와의 성관계 중에는 오르가슴을 느끼지 못하면서 가학적이거나 피학적이거나 혐오스러운 상상을 하며 자위할 때 비로소 오르가슴에 도달하기도 한다. 이는 성장 과정에서 '즐거움'과 '불쾌함'에 대한 감각이 혼란스럽게 뒤섞인 데서 비롯되는 경우가 많다. 너를 위한 것이라며 불쾌한 일을 겪거나 불쾌한 상황과 성적인 흥분이 동시에 경험되면, '본래 고통스러운 사건'이 '성적 흥분'과 강렬하게 결합하여 몸의 기억, 즉 '절차 기억'으로 깊이 저장되어 쉽게 지워지지 않는다. 무엇이 진정으로 자신에게 '즐거움'을 주는지, 무엇이 '불쾌함'을 유발하는지 명확히 구분하지 못하는 혼란스러운 상태로 강하게 묶여버리는 것이다. 스스로가 혹시 변태가 아닌가 하며 괴로워하는 사람들이 많지만, 그보다는 이러한 현상이 발달 트라우마의 여러 증상 중 하나임을 이해하고 조급해하지 않고 꾸준히 대처해 나가는 것이 중요하다.

이처럼 부적절한 양육은 성적인 경험을 통해 인간이 본능적으로 느끼는 기쁨마저 제대로 누리지 못하는 불편함을 초래할 수 있다. 물론 이 문제에도 해결책은 존재하며 이는 다음 장에서 더 자세히 설명할 것이다. 여기서는 신경계에 관한 이야기를 조금 더 이어가 보자.

건강 문제

앞서 이야기했듯이, 인류는 오랜 옛날부터 함께 아이를 키우는 공동 양육 방식을 택해 왔다. 그렇기에 다른 사람의 마음을 이해하고 자신의 감정을 상대방에게 전달하는 능력은 매우 중요했다. 그 결과 배쪽 미주신경계는 상대방의 상태를 세밀하게 파악할 수 있도록 발달해 왔다. 이 신경계는 싸우거나 도망가도록 부추기는 교감신경계의 작용을 부드럽게 하고 몸을 굳게 만드는 등쪽 미주신경계의 작용 또한 완화하는 역할을 한다. 마치 오케스트라의 지휘자처럼 우리의 신경계를 조율하여 다른 사람들과 원만하게 지낼 수 있도록 돕는 것이다.

횡격막 아래의 내장 기관은 소화와 흡수 등 생명 유지에 필수적인 기능을 수행한다. 지휘자인 배쪽 미주신경계가 원활하게 작동하면 내장 기관에 영향을 미치는 미주신경의 다른 부분 역시 순조롭고 부드럽게 기능하게 된다. 또한 교감신경계의 기능도 적절히 조절되어 감정적으로 격앙되어 갑작스레 분노를 표출하거나 비난하는 일이 방지된다. 다시 말해, 배쪽 미주신경계가 건강하게 작동할 때, 우리 몸속의 장기들은 균형을 이루며 제 기능을 수행하고 '즐거움'이라는 긍정적인 감정을 느끼게 되어 마음의 안정으로 이어진다.

그러나 부적절한 양육 환경으로 인해 발달 트라우마를 경험한 사람들은 다양한 건강 문제에 시달리게 된다. 예를 들어, 편두통, 스트레스성 피부염, 어지럼증, 이명, 천식, 고혈압, 저혈압, 과민 대장 증후군, 요통, 관절 통증, 면역 질환, 부인과 질환 등을 겪을 수 있다. 그뿐만 아니라 알레르기 반응이나 촉각, 청각, 시각 등 감각 기능이 지나치게 예민해지는 감각 과민 반응을 보이는 경향도 있다. 더욱이, 항상 신경계가 높은 경계 태세를 유지하면서도 정작 중요한 순간에는 몸이 얼어붙어 쉽게 다치거나 위급한 상황에서 자기 의사를 분명히 표현하지 못해 부당한 착취를 당하거나 예상치 못한 문제에 휘말리기도 한다.

발달 트라우마를 가진 사람의 신경계는 매우 복잡한 반응 양상을 보인다. 비유하자면, 기울어진 기둥을 지탱하기 위해 다른 나무를 덧대고, 그 나무를 지탱하기 위해 또 다른 나무를 사용하는 것처럼 부족한 부분을 보완하려는 복잡한 구조로 이루어져 있다. 마치 웅장하고 복잡한 건축물인 성가족성당[1](Sagrada Familia)처럼 생존이라는 목적을 가능하게 하는 일종의 예술 작품과도 같다.

인간의 몸을 집에 비유해 보자. 지붕의 기와가 떨어져 비가 새고 있다고 가정했을 때, 신경계가 균형 잡힌 사람은 천장에서 물이 떨어지는 것을 즉시 알아차리고 신속하게 수리한다. 혼자 감당하기 어려운 상황이라면 주변에 도움을 요청할 수도 있다. 즉, 어떤 기능에 문제가 생기더라도 그 원인을 빠르게 파악하고 더 큰 손실이 발생하기 전에 건강을 회복할 수 있는 것이다. 반면, 교감신경계가 항상 과도하게 활성화되어 있는 사람은 어떨까? 밖에는 비가 쏟아지고 지붕이 새고 있는데도 '저것을 고치는 동안 적이 공격해 올지도 모른다'라는 생각에 마당에 창을 들고 서서 주변을 경계하고 있다. 이들은 천장에서 떨어지는 차가운 빗방울조차 제대로 인식하지 못하거나 인식하더라도 적의 공격을 막는 일이 더 중요하다고 생각하기 때문에 집 안이 물에 잠겨도 제대로 대처하지 못한다.

미주신경계가 지나치게 흥분되어 얼어붙은 사람은 어떨까?

천장에서 차가운 물방울이 뚝뚝 떨어져도 슬픔에 잠겨 몸조차 움직일 수 없다. 지금이 바로 자신이 끝나는 순간이라고 생각한다. 늘 자신에게 끔찍한 일만 일어날 거라고 체념하며 차가운 빗물에 속절없이 젖어 든다. 결국 집 안은 온통 물에 잠겨 버린다.

신경계가 안정적인 사람은 어떤 문제가 생겨도 재빨리 알아차리고

1) 역자주: Sagrada Familia. 흔히 가우디 성당으로 알려진 바르셀로나의 대표적인 로마 가톨릭 성당.

주변 사람들의 도움도 쉽게 구할 수 있어서 불필요한 에너지 소모 없이 건강하고 활기찬 상태로 되돌아갈 수 있다. 반면에, 신경계의 균형이 깨진 사람은 외로움을 느끼고 상황이 악화되어도 스스로 대처할 힘이 없다. 그래서 회복하는 데 많은 에너지와 시간이 필요하다.

작은 자극에도 심한 증상이 나타난다

예를 들어, 어떤 사람이 운전 중 뒤에서 가벼운 접촉 사고를 당해 목에 충격을 받았다고 가정해 보자. 만약 이 사람이 안정적인 양육 환경에서 자랐고 신경계가 튼튼하다면 일주일 정도 안정을 취하는 것으로 목 상태가 호전될 수 있다. 하지만 발달 트라우마를 가진 사람이 이러한 사고를 겪으면 그동안 섬세한 유리 공예품처럼 조심스럽게 유지해 왔던 신경계의 균형이 한순간에 무너질 수 있다. 그 결과, 사소한 사

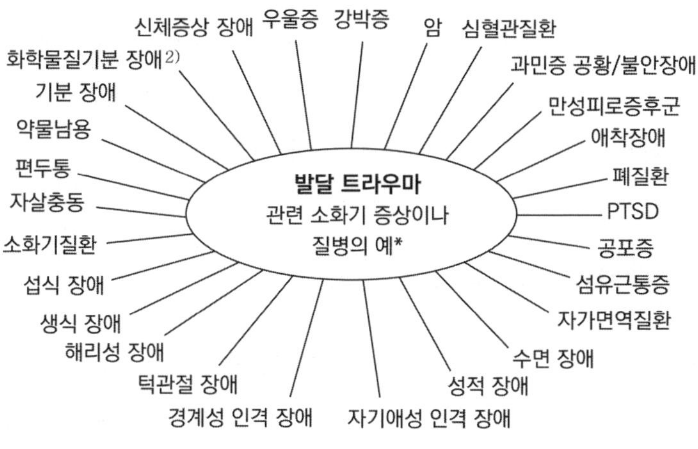

2) 역자주: 공식적인 정신의학 진단명은 아니지만, 화학물질 과민증과 기분장애적 증상(우울·불안 등)이 연결된 표현이다.

건이 도화선이 되어 두통, 어지럼증, 이명, 메스꺼움, 미열, 몸살, 불안, 악몽 등 다양한 신체 증상에 시달릴 수 있다. 주변 사람들의 눈에는 그저 가벼운 부상인데 지나치게 과민 반응하는 것처럼 보이거나 관심을 끌기 위해 아픈 척하는 건강염려증 환자로 여겨질 수도 있다. 하지만 정작 본인에게는 정말 견디기 힘든 고통스러운 경험이다.

이러한 작은 자극은 사고나 부상과 같은 물리적인 충격일 수도 있지만 인간관계에서 오는 정신적인 충격이나 스트레스 또한 촉발 요인이 될 수 있다. 예를 들어, 직장 상사의 질책이나 괴롭힘과 같은 정신적인 고통으로 인해 몸과 마음의 균형이 한순간에 깨질 수도 있다. 주변에서는 정신력이 약하다거나 끈기가 부족하다는 말을 쉽게 하기도 한다. 하지만 이는 발달 트라우마 때문일 수 있으며 이러한 대인관계에서의 자극이 이미 한계에 다다른 신경계에 마지막 결정타가 되었을 가능성이 있다. 앞서 말했듯 발달 트라우마를 가진 사람의 신경계는 성가족 성당처럼 복잡한 구조로 되어 있는데, 이러한 복잡성은 견고함과는 거리가 멀다. 따라서 한번 무너지면 회복하는 데 오랜 시간이 걸리는 경우가 많다. 자신을 쓸모없는 존재로 여기고 사회와 단절되면 은둔형 외톨이가 되거나 극단적인 선택을 할 위험 또한 높아진다.

의료 기관에서의 2차 피해

의료 기관에서 무심코 던진 말 한마디가 불안정한 자아상을 더욱 왜곡시키는 때도 있다. 예를 들어, 심한 어지럼증으로 내과를 찾았을 때 간호사가 갑자기 나에게 "의존적인 사람들이 어지럼증에 잘 걸려요. 조심해야 할 것 같아요"라고 말한 적이 있다. 당시 이미 회사를 십 년

넘게 운영하고 있었기에 "의존적이라는 게 무슨 말이죠? 저는 혼자서 회사를 운영하고 있습니다"라고 반박했지만 극심한 통증 때문에 더 이상 아무 말도 할 수 없었고 그 후로 오랫동안 답답한 마음이 가시지 않았다. 의료진이 함부로 낙인을 찍고 환자를 더욱 궁지로 몰아넣는 발언을 하기보다는 발달 트라우마의 가능성을 염두에 두고 적절하게 대처해 주었다면 훨씬 더 큰 도움이 되었을 것이다.

또한, 다양한 증상에 따라 진료받기 위해 신경과, 이비인후과, 안과, 피부과, 내과, 순환기내과, 비뇨기과, 산부인과, 외과, 정신과 등 여러 과를 전전하게 되는 경우도 많다. 물론 심각한 질병이 숨어 있을 가능성도 있으므로 검사를 받는 일은 중요하다. 하지만 여러 병원에 다녀도 뚜렷한 이상이 발견되지 않는다면 발달 트라우마를 의심해 볼 필요가 있다.

앞으로는 트라우마에 대해 깊이 이해하는 의료 전문가들이 많아지기를 간절히 바란다. 그렇지 않다면 어디를 가든 '마음의 문제'라거나 "생각이 너무 많아서 그래요"라는 말만 듣고 근본적인 해결책을 찾지 못할 수 있다. 게다가 '까다로운 환자' 등으로 낙인찍히게 되면 진정한 치유에 도달하기는 더욱 어려워진다.

건강한 행동을 취하기 어렵고 중독에 걸리기 쉽다

어린 시절부터 부적절한 양육을 경험하면 건강한 생활 습관을 형성하기 어렵다는 것은 잘 알려진 사실이다. 이는 곧 자기 몸을 어떻게 돌봐야 하는지 배울 기회가 없었다는 의미이기도 하다. 또한, 건강한 행동에 대한 본보기가 없었기 때문에 몸과 마음을 보살피는 방법을 제대로 알지 못한다. 가족 중에 알코올 중독이나 문제행동을 보이는 사람이 있거나 성적인 문란함, 신체적·정신적 학대, 건강한 역할 모델의 부재 등으로 자신을 돌보는 게 무엇인지조차 모를 수 있다.

부적절한 양육은 마음속에 깊은 애정 결핍과 고통을 남긴다. 끊임없는 불안, 자기 비난, 격렬한 분노 등에 시달리는 사람은 주변에서 따뜻한 말을 건네도 불편하고 짜증을 느끼기 쉽다. 친구들과 긍정적인 관계를 맺어도 마음이 쉽게 안정되지 않는다. 배쪽 미주신경계가 충분히 발달하지 못했기 때문에 내면은 마치 지휘자 없는 오케스트라처럼 혼란스러운 상태에 놓여 스스로 감정을 조절하기 어렵다.

타인에게 의지할 수도 없고 자기 자신조차 믿을 수 없는 이들은 다양한 것에 의존하게 된다. 담배, 술, 마약, 게임, 도박, 섹스, 쇼핑, 도둑질 등 여러 종류의 중독에 빠지기 쉽다. 또한 섭식장애, 강박 장애, 공황장애 등 정신 건강 문제에 시달리기도 한다.

신경계가 제대로 발달하지 못했기 때문에 이들은 감정 조절에 어려움을 겪고, 사람들과 건강한 관계를 맺지 못해 스트레스를 해소할 방법을 찾지 못하며, 결국 건강에 해로운 행동을 반복하게 되는 악순환에 갇히게 된다.

정신 건강에 미치는 영향

정신적인 문제로는 공격성이 강한 교감신경계가 우세한 사람은 쉽게 짜증을 내고, 조급해하며, 분노를 조절하지 못하고, 타인을 심하게 비난하는 경향을 보인다. 반대로 '얼어붙는' 반응이 강한 사람은 자신감이 없고 자존감이 낮으며 '사라지고 싶다'는 생각을 자주 하고, 싫은 사람의 부탁을 거절하기 어려워하며, 끊임없이 자기 비난에 시달리고 쉽게 자기 잘못이라고 느낀다.

또한, 공격적인 유형이든 얼어붙는 유형이든 발달 트라우마를 경험한 사람은 경계성 인격 장애나 자기애성 인격장애와 같은 인격장애가 있을 가능성이 크다는 연구 결과도 있다. 이러한 성격 장애 역시 어린 시절의 학대나 부적절한 양육과 깊이 관련되어 있다는 지적이 많다. 그뿐만 아니라 우울증, 섭식장애, 강박 장애, 해리장애, 해리성 정체성 장애, 공황장애 등 다양한 정신 질환 또한 학대나 부적절한 양육의 영향을 받을 수 있다.

더욱이 발달 트라우마로 인해 '자신은 무가치하다'라고 믿게 되면 주변 사람들이 자신을 함부로 대하거나 끔찍하게 대해도 '나는 그런 취급을 받아 마땅하다'라고 생각하는 경향이 있다. 그 결과, 발달 트라우마를 가진 사람들은 정서적 학대나 가정 폭력의 피해자가 되는 경우가 많다. 이들은 부당한 일을 당해도 불쾌감을 제대로 표현하지 못하거나 상대방이 싫어하는 행동을 해도 상대방의 기분을 상하게 하지 않으려고 지나치게 신경 쓰는 모습을 보이기도 한다. 이러한 행동으로 자존감은 더욱 낮아지고 자신을 소중히 여길 동기를 잃게 된다. 그래서 더욱 착취당하기 쉬운 상황에 놓이게 한다.

바람직하지 않은 파트너

발달 트라우마를 가진 사람은 그렇지 않은 사람에 비해 친밀한 관계의 파트너로부터 성적 학대를 당할 확률이 무려 11배나 높다는 보고가 있다. 이는 여러 가지 요인이 복합적으로 작용한 결과일 수 있다. 불안정한 신경계로 인해 상대방이 보내는 신호를 잘못 해석해서일 수도 있다. 자신을 보호해야 할 부모가 '너를 위해서'라는 명목으로 폭력을 행사하거나 성폭행을 저지르고 상처 주는 말을 반복한다면 아이는 '기분 좋은 것－쾌감'과 '기분 나쁜 것－불쾌감'의 차이를 명확히 구분하기 어려워진다. 그러면 자신에게 진정으로 무엇이 좋고 무엇이 나쁜지 제대로 판단하지 못하게 된다. 상대방이 명백한 가해 신호를 보내도 '나를 위해 해주는 것'으로 잘못 해석하고 '불쾌감'을 느끼는 감각 회로를 차단해 버릴 수도 있다.

피해자와 가해자 둘 다가 되는 두려움

부적절한 양육으로 인해 발달 트라우마가 생겼음에도 불구하고 적절한 조치를 취하지 않으면 부정적인 영향이 평생에 걸쳐 다양하게 지속될 수 있다. 자신감 부족과 수치심, 타인과 건강한 관계를 맺지 못하는 어려움, 친밀감과 성적인 즐거움을 제대로 느끼지 못하는 것, 건강한 생활 습관을 형성하기 어려운 것, 심신의 건강 악화 등 인간으로서 누려야 할 기본적인 삶의 기쁨이 손상되고, 불안정한 삶을 살아가게 된다.

이처럼 행복감을 느끼기 어렵고 쉽게 압도당하는 사람은 지배적이고 자기애적인 성향의 사람들에게 이용당하고 착취당할 위험이 크다. 분명하게 '싫다'라는 의사를 표현해야 할 때도 웃거나 하기 싫은 일을 억지로 하게 되면 피해자가 될 가능성이 커진다. 반대로, 낮은 행복감과 내면의 분노를 제대로 다루지 못하는 사람은 다른 사람을 지배하고 착취하는 가해자가 될 수도 있다. 이러한 사람들은 자신의 내부에서 올라오는 불쾌한 감정을 눈앞의 사람에게 투사하여 '네 탓이야'라며 상대를 비난하기도 한다. 이처럼 신경계라는 오케스트라에 지휘자가 부재하면 우리는 피해자가 되기도 하고 가해자가 되기도 하는 불안정한 상태에 놓일 수 있다.

CHAPTER 09

신경계의 상태로 사람을 이해한다

성격이라기보다는 신경계의 상태

흔히 사람의 특징을 묘사할 때는 성격이 '어둡다', '밝다', '화를 잘 낸다', '상냥하다' 등의 표현을 사용한다. 하지만 이러한 특징들을 신경계의 상태로 이해한다면 그것은 개인의 타고난 성격이라기보다는 신경계 반응의 특정한 패턴이라고 보는 것이 더 자연스럽고 더 쉽게 이해된다. 겉으로 공격적인 성향을 드러내는 사람은 타인에게 해를 가하는 가해자가 될 가능성이 있다. 반대로 쉽게 얼어붙는 반응을 보이는 사람은 피해자의 처지에 놓이기 쉽다. 겉으로 보이는 모습은 다르지만 근본적인 원인은 두 경우 모두 신경계가 제대로 조절되지 못하기 때문이다. 따라서 상황과 힘의 관계에 따라 괴롭힘의 가해자가 되기도 하고 반대로 피해자가 되기도 한다.

'인내의 창'

'공격형'과 '얼어붙기 형'은 겉으로 보기에는 완전히 다른 성격 유

다미주신경 이론에서 신경계의 작용

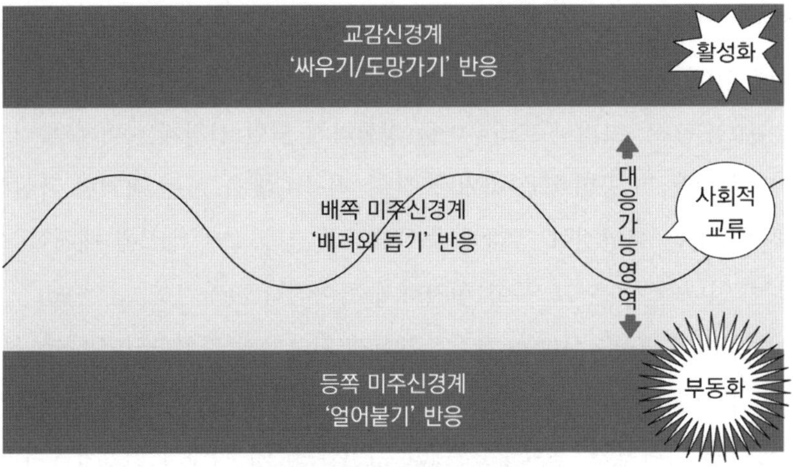

주변이 '안전'하다고 느낄 때

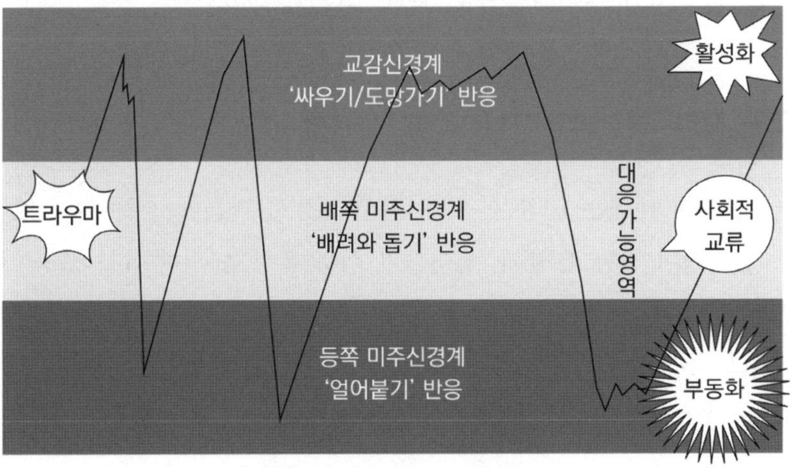

트라우마 사건이 일어났을 때

형처럼 보일 수 있지만 사실은 학대, 부적절한 양육, 또는 다른 여러 요인으로 인해 발달 트라우마를 경험한 사람들에게 공통으로 나타나는 특징이다. 겉으로 드러나는 방식은 극명하게 다르지만 그 근본적인 문제의 뿌리는 같다.

신경계가 건강하고 안정적인 상태에 있다면 개인이 스트레스나 어려움에 대처할 수 있는 '인내의 창'이 넓어서 그 범위를 벗어나는 일이 거의 없다. 신경계의 반응 또한 잔잔한 파도처럼 부드럽게 움직인다(79쪽 윗그림 참조). 그러나 트라우마를 경험하게 되면 신경계는 마치 롤러코스터를 타듯 '고공비행'을 하거나 깊은 '저공비행'을 하는 것처럼 극심하게 변동하는 불안정한 상태에 놓인다. 그 결과, 스트레스에 대처할 수 있는 '인내의 창'은 그 폭이 현저하게 좁아진다(79쪽 아랫그림 참조).

여기서 '고공' 상태는 교감신경계가 지나치게 활성화되어 나타나는 '과각성' 상태를 의미하며, '저공' 상태는 등쪽 미주신경계가 우세하게 작용하여 나타나는 '저각성' 상태를 의미한다. 이 책에서는 독자들의 이해를 돕기 위해 '고공'과 '저공'이라는 용어를 사용한다.

'고공 고착' 신경계와 '저공 고착' 신경계

케인과 테렐는 '고공 신경'과 '저공 신경'을 다룬다. 이는 앞서 언급한 '공격성이 강한 유형'과 '얼어붙기 쉬운 유형'을 의미한다. '고공' 신경계는 교감신경계가 지속해서 긴장하고 경계 상태에 있어서 항상 '싸우거나 도망치거나' 하는 반응을 보일 준비가 되어 있다. 아래는 '고공'과 '저공' 경향이 있는 두 사람의 예이다.

교감신경계가 항상 긴장 상태인 '고공 고착' 신경계

사례 1 주변 사람들은 요시오(가명)는 쉽게 화를 내는 성격이라고 여긴다. 누군가 농담을 건네면 갑자기 큰 소리로 "당신, 뭐가 문제야?"

라며 소리를 지르기 시작한다. 혹은 누가 조금만 부딪쳐도 "당신 왜 그래!"라며 격렬하게 반응한다. 농담조차 제대로 받아들이지 못하니 주변 사람들은 점점 요시오를 피하기 시작했고, 그는 학교에서도 늘 고립되었다. 고등학교를 졸업하고 아르바이트를 시작했지만 그곳에서도 금방 문제를 일으켜 오래 버티지 못했다. 누군가 조금이라도 주의하라고 하면 눈을 부릅뜨며 주변의 물건을 던지려 하기도 했다. 요시오는 점차 자신은 무엇을 해도 안 되는 존재라는 생각에 갇히게 되었고, 그럴수록 더 분노가 치밀어 올라 물건을 부수거나 길에서 고양이를 보면 돌을 던지는 등 자신도 통제할 수 없는 짜증 때문에 괴로워했다.

사례 2 유키에는 어린 시절부터 부모님의 과도한 기대 속에서 공부에 매진해야 했다. 초등학교 중반부터 엄격하기로 소문난 입시 학원에 다니며 밤늦도록 공부했고 결국 명문 대학에 진학했다. 그곳에서도 뛰어난 성적을 거두어 일류 기업에 취업했지만, 취업 후에도 유키에는 마음 편할 날이 없었다. 업무상 실수를 저지르지 않았을까 하는 불안감에 매일 밤 잠을 제대로 이루지 못한다고 한다. 아무리 수면 시간이 부족해도 새벽에 저절로 눈이 떠지고, 일어나자마자 업무에 대한 걱정이 머릿속을 가득 채운다. 또한, 상사로부터 사소한 주의만 받아도 가슴이 심하게 두근거리고 온몸에 식은땀이 흐르며 얼굴이 붉어진다. 자신이 처리한 업무를 꼼꼼히 검토하느라 시간이 너무 오래 걸린다는 지적을 받자 유키에는 깊은 우울감에 빠졌다. 반면, 제대로 확인도 하지 않고 일을 끝내는 동료에게는 극도의 분노를 느꼈다. 동료가 실수를 저질렀을 때 유키에는 차분하게 상황을 설명하고 지적하지 못하고 격렬하게 화를 내며 주변을 혼란에 빠뜨리기도 했다.

등쪽 미주신경계가 항상 긴장한 상태인 '저공 고착' 신경계

사례 1 미즈호는 어린 시절부터 조용하다는 말을 자주 들었다. 친구들과 간식을 나눠 먹을 때도 무엇을 먹고 싶은지 분명하게 표현하지 못했다. 먹고 싶은 것이 있어도 다른 아이가 먼저 가져가 버리는 경우가 많았지만, 미즈호는 아무 말도 하지 않았다. 자신의 의견을 제대로 말하지 못하니 친구들은 자연스럽게 미즈호를 항상 마지막 순서에 두기 시작했다. 또 함께 놀아도 즐거워 보이지 않으니 친구들은 점점 미즈호에게 같이 놀자는 말을 건네지 않게 되었다. 미즈호는 점차 활발하고 활력이 넘치는 아이들을 두려워하게 되었고 교실에 들어가는 것 자체가 고통스러워 학교에 가는 것조차 힘들어졌다. 고등학교는 간신히 졸업했지만 그 후로는 아무것도 하고 싶지 않았다. 아침에 눈을 떠도 피곤함이 가시지 않아 다시 이불 속으로 파고들었다. 어느덧 밤

다미주신경 이론에서 신경계의 작용

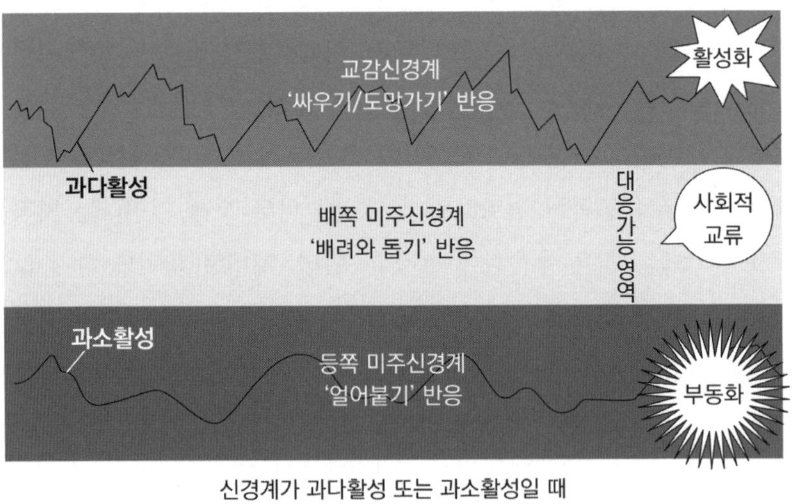

신경계가 과다활성 또는 과소활성일 때

과 낮이 뒤바뀌었고 주변 사람들이 자신을 어떻게 생각할까 하는 걱정이 엄습해 왔다. 이웃 사람들의 시선이 두려워 집 밖으로 나가는 것조차 꺼려지게 되었다. 일도 하지 못하고, 친구도 없고, 자신은 아무런 가치도 없는 존재라는 절망감에 휩싸였다. 손발은 늘 차갑고, 몸은 무겁게 느껴지며, 머리는 끊임없이 아프고 어지러웠다. 때로는 침대에서 일어나는 것조차 버거웠다. 그저 이 세상에서 사라지고 싶다는 생각만이 간절했다.

사례 2 히데키는 어릴 때부터 진중하고 조용한 아이라는 말을 자주 들었다. 친구들과 뛰어놀기보다는 그림책을 보거나 기차의 차종 번호를 외우는 것을 더 좋아했다. 말문이 트이는 것도 늦어 부모님의 걱정을 많이 샀다. 학교에 다니면서 친구들과 활발하게 어울리지는 못했지만, 과학 과목에 뛰어난 재능을 보여 관심 있는 분야는 혼자 조용히 파고들어 공부했다. 잘하는 과목과 못하는 과목의 편차가 다소 있었지만 무사히 대학을 졸업하고 이름 있는 대기업에 취직했다. 회사에서는 엄격한 할당량과 목표를 줬는데, 히데키는 회사에서 특별히 성공하고 싶은 마음이 없었기 때문에 이러한 할당량과 목표 자체가 그저 고통스럽게 느껴졌다. 나름대로 최선을 다했지만 상사는 '의욕이 없다'라며 히데키를 질책했다. 히데키는 정말로 의욕이 없는 것이 아니었기에 어떻게 대답해야 할지 몰랐다. 즉각적으로 반응하지 못하고 머뭇거리는 사이 상사는 "지금 나를 놀리는 건가!"라며 격분했다. 히데키는 자기 삶의 의미는 무엇일까 깊이 고민하기 시작했다. 남자 직원들이 모이면 여성과 섹스에 관한 이야기를 신나게 나누었지만 히데키에게는 여성이 낯설고 두려웠다. 누군가를 만나도 잘 풀리지 않을 거라는 생각에 사람 만나는 것을 피하게 되었고 주변 사람들이 결혼 이야기를 꺼내면 그는 슬그머니 자리를 피했다. 부모님마저 결혼을 강하게 권유해 와 더욱 고통스러웠다. 상사와 부모님의 압박감에 짓눌린 히데키는 그저 이 세상에서 사라지고 싶다는 생각뿐이었다. 히데키는 멀미를 자주 했고, 소화불량에 시달렸으며, 식욕 부진을 겪고 있었다.

고공 상태와 저공 상태 사이를 마구 오락가락하는 상태

사례 1 사토미의 집은 작은 가게를 운영했다. 부모는 늘 바빠서 사토미를 돌보는 일은 주로 할머니 몫이었다. 사토미는 엄마의 따뜻한 보살핌을 받고 싶어 때로 밤늦도록 일을 마치고 돌아오는 엄마를 기다렸다. 하지만 막상 일을 마치고 돌아온 엄마는 피곤에 지쳐 기다리던 사토미를 따뜻하게 안아주기는커녕 "왜 아직 안 자고 있어!"라며 매몰차게 꾸짖기 일쑤였다. 사토미는 늘 외로움을 느꼈다. 그래도 사토미는 가게 일을 돕고, 어린 여동생을 살뜰히 챙기며, 자신이 할 수 있는 한 많은 일을 하려고 애썼다. 하지만 아버지와 어머니는 장녀가 당연히 해야 할 일이라고 생각했는지 그녀의 노력에 대해 특별한 칭찬 한마디 건네지 않았다. 사토미는 제멋대로 행동하는 동생을 보며 점점 짜증이 치밀어 올랐고 결국 동생에게 감정을 폭발시키기 시작했다. 그러고 나면 극심한 우울감에 휩싸여 죽고 싶다는 생각에 사로잡혔다. 이러한 고통스러운 감정에서 벗어나기 위해 사토미는 과식과 구토를 반복하는 악순환에 빠져들었다. 걱정된 엄마가 사토미를 심리 상담사에게 데려갔지만 친절하게 대해주는 상담사에게 오히려 짜증이 더 났다. 상담에 대해 생각하면 우울감에 짓눌려 몸이 천근만근 무거워져 움직일 수 없었고, 그래서 갑자기 상담 예약을 취소하기도 했다. 또 어떤 날은 이대로 가

다미주신경 이론에서 신경계의 작용

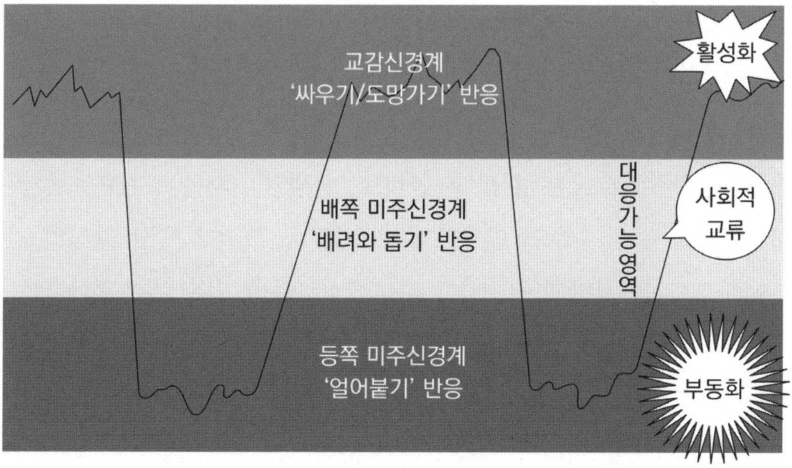

신경계가 급격하게 과다활성과 과소활성을 오가는 상태

다가는 정말 자살할지도 모른다는 불안감에 휩싸여 억지로 상담사와 약속을 잡기도 했다. 이러한 불안정한 상태가 계속되자 상담사는 사토미에게 입원을 권유했다. 하지만 사토미는 상담사가 더 이상 자신의 이야기에 귀 기울여 주고 싶어 하지 않는다고 느꼈다. 또다시 배신감을 느끼고 격렬한 분노에 휩싸인 사토미는 상담사에게 전화로 심한 폭언을 퍼붓고 상담을 일방적으로 중단했다. 그 후, 엄마도 상담사도 자신을 버렸다는 깊은 상실감에 휩싸인 사토미는 머리와 몸이 마치 돌덩이처럼 무거워져 침대에서조차 일어나기 힘든 지경에 이르렀다.

사례 2 히토미의 부모님은 엄격한 성격으로, 공부든 운동이든 히토미가 다른 아이들보다 훨씬 더 뛰어난 성과를 거두기를 끊임없이 기대했다. 히토미는 부모님의 높은 기대에 부응하기 위해 공부와 운동 모두 열정적으로 매달려 뛰어난 결과를 만들어냈다. 히토미의 부모님은 그녀가 무엇이든 1등을 차지했을 때 가장 크게 기뻐했다. 운동 경기에서 우승하면 환호했고, 시험에서 1등을 하면 아낌없는 칭찬을 쏟아냈다. 하지만 2등을 했을 때는 그다지 만족스러운 반응을 보이지 않았다. 부모님의 극명한 반응 차이 때문에 히토미는 무의식적으로 '1등이 아니면 아무 의미가 없다'고 느끼기 시작했다. 대학 시절, 어려운 전문직 자격증을 취득한 그녀는 졸업 후 곧바로 '선생님'이라는 호칭으로 불리며 전문적이고 높은 수준의 업무를 맡게 되었다. 그런데 막상 자신의 전문 분야에서 일을 시작해 보니, 그 분야에서 1등이 되는 것은 현실적으로 불가능에 가깝다는 것을 깨달았다. 실력이 뛰어난 선배들이 많았고, 동료들 역시 모두 각 지역에서 수재로 인정받았으며, 그녀보다 훨씬 더 능숙하게 업무를 처리하는 것처럼 보였다.

조급한 마음에 밤늦도록 컴퓨터 앞에 앉아 업무에 매달리다 보면 자신의 부족한 실력에 대한 깊은 좌절감과 분노가 격렬하게 밀려왔다. 그만 일을 멈추고 잠을 청해야겠다고 생각했지만 이상하게도 잠이 오지 않았다. 그래서 술의 힘을 빌려 단숨에 잠들려고 애썼다. 업무가 산더미처럼 쌓이면 저녁에 술 한 잔이 간절하게 생각났다. 술기운이 온몸에 퍼지기 시작하고 비로소 긴장이 풀리면, 비현실적일 정도로 기분이 좋았다. 하지만 쉬는 날이면 극도의 피로감에 휩싸여 저녁 늦게까지 잠만 자곤 했고, 깨어난 후에는 깊은 무력감에 온 세상이 회색빛으로 보이는 듯했다. 그러다 다시 월요일 아침이 되면 잠에서 깨어남과 동시에 온몸이 극도로 긴장하며 심장이 걷잡을 수 없이 빠르게 뛰는 것을 느끼며 허둥지둥 출근을 준비했다. 이러한 불안정한 상태가 지속되다 보니 변비와 설사를 번갈아 겪게 되었고, 아침 출근길에 갑작스러운 복통에 시달리거나 심한 어지럼증으로 쓰러지기도 했다. 그런데도 "계속 이렇게 있을 수는 없어. 어떻게든 빨리 출근해야 해"라는 강박적인 생각에서 벗어날 수 없었다.

멘탈이 약한 것이 아니다

지금까지 신경계 조절에 어려움을 겪을 때 일상생활에 어떤 영향을 미치는지 몇 가지 사례를 통해 살펴보았다. 이러한 상황에 놓인 사람이라면 누구든 행복하기 어려울 것이다. 정신적인 문제로 힘들어하는 사람들은 흔히 '내 성격이 문제인가?', '나는 왜 이렇게 나약할까?' 하며 자책한다. 하지만 여기서 강조하고 싶은 중요한 사실이 있다. 앞선 사례들에서 확인했듯 이러한 어려움은 개인의 성격적인 결함이라기보다는 신경계의 특정한 경향성으로 이해하는 것이 훨씬 더 정확하다. 다시 말해, 단순히 '멘탈이 약하다'라거나 '사회성이 부족하다'라는 문제가 아니라 태어난 이후의 환경적 요인에 의해 형성된 신경계의 반응 패턴이 큰 영향을 미친다는 사실이다.

어떤 사람의 자율신경계는 항상 고공 상태에서 머무는 경향이 있는가 하면, 또 다른 사람은 저공 상태에서 벗어나지 못하는 경향을 보이기도 한다. 또한, 어떤 이들의 신경계는 그 극단적인 두 상태 사이를 끊임없이 오락가락하는 불안정한 움직임을 나타낸다. 반대로, 신경계 조절 능력이 뛰어난 사람은 흥분과 안정이라는 감정의 큰 파도를 비교적 완만하게 경험하며 자신의 상태를 효과적으로 조절하여 몸과 마음 모두 편안함과 즐거움을 느끼며 살아갈 수 있다. 하지만 성장 과정에서 신경계를 건강하게 조절하는 방법을 제대로 배우지 못한 사람은 지속적인 과각성 상태(고공), 만성적인 저각성 상태(저공), 또는 극심한 감정 변화를 반복적으로 경험하며 다양한 신체적, 정신적 질병에 시달리게 된다. 이러한 신경계의 불안정은 '신경지각'이 끊임없이 잘못된 정보를 뇌로 전달하게 만들고, 이는 마치 터보 엔진처럼 작동하여 위험과 불안의 신호를 증폭시키는 결과를 초래한다.

시끌벅적한 분위기를 즐기거나 사람들과 어울리는 것을 좋아하는 외향적인 사람이 있는가 하면, 객관적으로 사고하고 혼자만의 시간을 선호하는 내향적인 사람도 있다. 활발하든 조용하든, 중요한 점은 이들이 각자의 필요에 따라 적절히 사람들과 관계를 맺고 삶의 꿈과 목적의식을 가지고 건강하게 살아갈 수 있는 능력이다. 성장 과정에서 부모로부터 자기 신경계를 건강하게 조절하는 방법을 제대로 배웠는지 아닌지에 따라 자신을 스스로 행복하게 만들 힘을 기를 수 있는지 없는지 그 운명이 결정적으로 달라질 수 있다.

CHAPTER 10

발달 트라우마와 신경계

인간은 몸의 감각으로 반응한다

우리의 신경계는 생존이라는 가장 기본적인 목표에 따라 행동을 결정한다. 앞서 친구들 사이의 책가방을 두드리는 상황을 다시 떠올려 보자. 웃으며 장난을 치는 아이, 자신을 공격하는 것으로 인식하고 화를 내며 주먹을 휘두르는 아이, 극도의 두려움에 휩싸여 조용히 고개를 숙이고 혼자 울음을 삼키는 아이 등, 아이들은 각기 다른 반응을 보인다. 우리는 흔히 이러한 행동들이 아이의 의식적인 선택이라고 생각하기 쉽지만, 사실은 그렇지 않다. 명확한 이유는 알 수 없지만 우리는 특정한 상황에 자연스럽게 특정한 방식으로 반응한다. 다시 말해, 신경계가 무의식적으로 이러한 반응 패턴을 형성하는 것이다.

내부 장기에 정보가 더 많다

우리가 의식적으로 이들 반응을 선택하는 것이 아니고 왜 이것을 꼭 타고난 성격이라고 할 수 없는지, 거기에는 이유가 있다. 미주신경의 약 80%는 내부 장기의 감각 정보를 뇌로 전달하는 신경 섬유로 이루어져 있고 나머지 약 20%만이 뇌에서 내부 장기로 정보를 전달하는 신경 섬유라고 한다. 이는 곧 내부 장기의 상태가 편안하고 우리가 '내 삶은 좋아', '나는 안전해'라고 느낄 때 뇌는 '나는 지금 안전하다'라는 평온한 신호를 받는다는 의미이다. 반대로, 내부 장기의 상태나 몸 전체의 생리적 상태가 불안정하거나 불편하면 '나는 지금 좋은 상태가 아니다'라는 경고 신호가 뇌로 더 많이 전달된다.

뇌가 아무리 이성적으로 판단하여 '이곳은 안전하다'라고 외쳐도 그 정보의 정확성은 고작 20%에 불과하다. 하지만 내부 장기와 생리적 상태가 방출하는 '이곳은 위험하다', '상대방은 분명히 나에게 악의적인 의도가 있다'라는 신호는 무려 80%의 정확도를 가진다. 그러므로 우리는 스스로 깨닫기도 전에 이미 특정한 반응을 보이게 되는 것이다.

따라서 일단 신경계의 특정한 경향성이 이렇게 형성되면 그것을 바꾸기란 쉽지 않다. 물론 불가능한 것은 아니며, 성인이 되어서도 스스로 변화할 수 있는 잠재력이 있다. 변화가 어려운 주된 이유는 고통을 겪는 많은 사람이 현재 자신의 상태를 고유한 성격이라고 굳게 믿고, 무엇을 해도 결코 바뀌지 않을 것이라는 절망감에 갇혀 변화를 거부하는 경향이 있기 때문이다. 이 또한 발달 트라우마의 주요 증상 중 하나이므로 스스로 변화할 수 있을지도 모른다는 희망을 품도록 격려하는 것이 중요하다.

신경가소성Neuroplasticity, 신경계는 바뀔 수 있다.

우리 자신을 변화시킬 수 있다는 증거가 있다. 불과 얼마 전까지만 해도 신경 세포는 한번 형성되면 절대 변하지 않는다고 여겨졌다. 하지만 최근 신경 과학의 발전으로 '신경 가소성'이라는 개념이 밝혀졌다. '가소성'이란 변화할 가능성을 의미한다. 다시 말해, 우리의 신경계가 유연하며, 성인이 된 이후에도 새로운 자극을 꾸준히 더하여 시냅스의 연결망을 재배열하고 궁극적으로 신경계의 기능과 반응 패턴을 변화시킬 수 있다는 사실이 분명해졌다.

따라서 중요한 점은 "이것은 나의 타고난 성격이야"라는 단정적인 생각을 멈추는 것이다. 그 대신, 현재 자신의 특정한 성향은 어린 시절 신경계가 발달하는 과정에서 형성된 것이라는 사실을 깨닫고 신경 가소성의 원리를 이해함으로써 충분히 변화할 수 있다는 희망을 품어야 한다.

신경 가소성에 관한 흥미로운 연구 사례가 있다. 새끼를 핥아주고 정성껏 돌보는 어미 쥐와 새끼에게 거의 관심을 보이지 않고 핥아주는 행동도 거의 하지 않는 어미 쥐를 비교 연구한 결과, 어미 쥐로부터 충분한 보살핌을 받은 새끼 쥐는 높은 수준의 세로토닌을 분비하는 것으로 밝혀졌다. '천연 항우울제'라고도 불리는 세로토닌은 기분을 안정시키는 데 중요한 역할을 하는 신경 전달 물질이다. 반면, 어미의 보살핌을 제대로 받지 못한 새끼 쥐는 스트레스 호르몬 수치가 현저히 높아져 정서적으로 불안정한 성향을 보였다. 흥미로운 점은 새끼를 잘 핥아주며 키운 어미 쥐의 새끼는 자라서 자신도 새끼를 자주 핥아주는 훌륭한 어미 쥐가 되지만, 어미 쥐가 무관심하고 핥아주지도 않았던 쥐의 새끼는 성장해서도 자기 새끼에게 거의 관심을 보이지 않고 잘 핥아주지도 않았다는 것이다.

이에 연구진은 새끼 쥐를 서로 바꿔 키우는 실험을 진행했다. 잘 핥지 않는 어미 쥐가 낳은 새끼를 잘 핥는 어미 쥐에게 맡기고, 반대로 잘 핥는 어미 쥐가 낳은 새끼를 잘 핥지 않는 어미 쥐에게 맡겨 키웠다. 그 결과, 잘 핥지 않는 어미 쥐에게서 태어났지만 잘 핥는 어미 쥐 밑에서 자란 새끼 쥐는 성장하여 자신의 새끼를 잘 핥아주고 훌륭하게 양육하는 어미 쥐가 되었다고 한다. 반대로, 새끼를 잘 핥아주는 어미 쥐에게서 태어났지만 새끼를 잘 핥지 않는 어미 쥐 밑에서 자란 쥐는 자라서도 자기 새끼를 잘 핥아주지 않는 어미 쥐가 되었다. 특히, 잘 핥는 어미 쥐에게서 태어난 새끼 쥐가 잘 핥지 않는 어미 쥐 밑에서 자라면 스트레스 호르몬 농도가 높은 불안정한 성체로 자랐다. 흥미롭게도, 스트레스 호르몬 농도가 높은 불안정한 어미 쥐에게서 태어난 새끼 쥐를 잘 핥는 어미 쥐가 키우게 되면 스스로 세로토닌을 충분히 분비할 수 있는 안정적인 쥐로 성장하여 자신의 새끼를 잘 핥아주는 능숙한 어미 쥐가 되었다고 한다. 이 연구 결과는 유전적인 요인보다 성장 환경, 특히 어떤 양육을 받으며 자랐는지가 신경계 발달에 훨씬 더 큰 영향을 미칠 수 있음을 시사한다.

이처럼 신경계는 시간이 흐르면서 충분히 변화할 수 있다는 사실이 밝혀졌다. 따라서 부적절한 양육으로 인해 신경계의 기능이 저하된 사람도 새로운 긍정적인 자극을 꾸준히 더함으로써 건강한 에너지와 활력을 되찾을 수 있다. 하지만 회복의 길은 절대 쉽지만은 않다. 그 이유는 첫째, 부적절한 양육으로 인해 발달 트라우마를 겪고 다양한 어려움에 직면한 사람은 그 신경계 자체가 '안전하다'라는 느낌을 기본적으로 갖기 어려운 상태에 놓여 있기 때문이다. 둘째, 이들은 주변 환경에서 안전을 나타내는 '징후(signs)'를 제대로 인식하고 이해하는 데 어려움을 겪는다. 셋째, 트라우마가 이미 몸에 깊이 각인되어 아무리 이성적으로 '안전하다'라고 생각하려 노력해도 적절하고 건강한 행동을 자연스럽게 취하기 어렵다.

소마틱 해소release의 필요성

앞서 설명한 것처럼, 부적절한 양육의 부정적인 영향은 '절차 기억'이라는 형태로 우리 몸에 깊이 저장되고 트라우마는 신체에 각인되어 끊임없이 신경계에 영향을 미친다. 이는 결국 심신의 건강에 부정적인 결과를 초래한다. 머리로는 '이제 괜찮아'라고 아무리 되뇌어도 신경계의 작용은 그렇게 쉽게 바뀌지 않는다. 단순히 사고방식을 바꾸는 것만으로는 몸에 새겨진 트라우마를 완전히 해소하기 어렵다. 트라우마가 신체적인 경험과 감각을 통해 각인되어 있으므로 몸에서 트라우마를 해소하는 과정이 꼭 필요하다. 앞서 강조했듯이, '소매틱(somatic)' 접근, 즉 신체와의 직접적인 작업을 통해 신경계를 근본적으로 변화시키는 것이 매우 효과적인 방법이다.

회복탄력성 키우기

이러한 신체적인 접근을 통해 신경계를 조절하는 과정은 앞서 언급했던 '인내의 창'을 넓혀가는 과정이다. 안전하다고 느끼지 못하고 무의식적으로 끊임없이 주변을 경계하거나 늘 불안과 절망감에 휩싸여 지내는 사람의 경우 이 '인내의 창'은 매우 좁아져 있다. 교감신경계를 지나치게 과도하게 자극하지 않고 적절하고 건강한 방식으로 활성화하고 또 서서히 안정화되어 가라앉는 자연스러운 과정을 즐겁게 경험하고 이를 반복하거나, 타인과의 긍정적인 상호작용을 통해 '안전하다'라는 느낌을 꾸준히 경험하게 되면 이 '인내의 창'은 점차 넓어진다. 이는 곧 '회복탄력성'이 향상된다는 의미이다.

회복탄력성은 아무리 힘든 역경에 처하더라도 주변 사람들의 도움을 받거나 자신에 대한 굳건한 믿음을 바탕으로 어려움을 극복하고 다시 일어서서 몸과 마음 모두 건강한 삶을 살아갈 수 있는 능력이다. 회복탄력성은 단순히 고난을 견디는 힘이 아니라 역경을 딛고 다시 긍정적인 상태로 되돌아가는 능력을 의미한다. 우리는 흔히 역경에서 회복하기 위해서는 강인한 정신력이 필요하다고 생각하지만, 정신력의 강약보다는 자기 신경계가 얼마나 안정적으로 잘 조절되는지를 이해하는 것이 훨씬 더 중요하다. 따라서 지나치게 흥분하여 과각성 상태에 머무르거나 깊은 절망감에 빠져 저각성 상태에 고립되는 것이 아니라, 마치 큰 파도처럼 이 '인내의 창' 안에서 편안하게 오르내리는 것이 이상적인 신경계의 상태이다. 신경계를 효과적으로 조절함으로써 우리는 회복탄력성, 즉 마음의 힘을 키울 수 있다. 다시 말해, 발달 트라우마로 인해 왜곡된 신경지각의 균형을 건강하게 회복하는 것이 무엇보다 중요하다. 다미주신경 이론의 창시자인 포지스 박사는 신경지각은 단순한 이론이나 사고방식이 아니라, 신체의 감각(소매틱 감각), 내장 감각, 그리고 오감을 통해 얻는 지각 정보로 구성된 복잡한 신체 시스템이라고 주장한다. 이러한 감각들은 우리 몸과 깊이 연결되어 있으므로 소매틱한 접근방식을 통해 신경계를 반복적으로 조절하는 훈련이 필요하다.

M·E·M·O

PART
03

트라우마로부터의 해방

CHAPTER 11

진정한 트라우마로부터의 해방

스스로 할 수 있는 트라우마 해방

최근 일본에도 소매틱한 접근을 하는 심리치료와 바디워크가 많이 소개되고 있다. 이들 치료사의 작업을 이야기하기 전에 먼저 혼자 할 수 있는 해소 방법을 소개하고자 한다. 여러분의 생리적 상태를 개선하고 신경계를 튼튼하게 운동이나 '놀이'는 사실 일상에서도 찾을 수 있다.

변화는 작게 작게

몸에 새겨진 발달 트라우마를 해소하는 일은 쉽지 않다. 하지만 조금씩 조금씩 자신에게 기분 좋은 '쾌감'을 주면서 신경계의 과각성을 완화시킬 수 있다. '쾌감'을 경험하면서 조금씩 '안전하다'는 감각을 키워 가는 것이다.

발달 트라우마가 있는 사람은 갑자기 자신을 바꾸려는 일은 피해야 한다. 앞서 '고공 상태'과 '저공 상태' 유형이 있고, 그 사이를 왔다 갔다 하는 사람이 있다고 설명했다. 발달 트라우마가 있는 사람은 단시간에 자신을 바꾸고 싶어 하는 경향이 있고, 그래서 실패하고 포기해 버린다. 따라서 조금씩 조금씩 나아가야 한다.

신경계가 늘 날이 선 상태인 사람은 "자, 오늘은 트라우마에서 해방될 거야"라며 여러 치료를 받는다. 한 달 정도 지나도 별다른 변화가 없으면 "어느 것도 효과가 없어"라며 자신에게 분노를 폭발시키고 우울해져 결국 모든 걸 포기하곤 한다. 그래서 변화는 한 입 크기의 작은 덩어리로 조금씩 이뤄져야 한다.

굳어진 신경계를 풀기 - 산책과 걷기

여기서는 신경계를 건강하게 유지하는 데 도움이 되는 운동을 몇 가지 소개한다. 스스로 할 수 있는 제일 쉬운 운동은 산책이다. 걸으면서 녹색과 자연을 접하고 신선한 공기를 마셔 보자. 자연을 접하면 건강에 좋은 영향을 미친다는 연구 결과가 많다. 자연 속에 있으면 코르티솔 수치가 줄어들고 스트레스가 감소하여 정신건강에 긍정적인 영향을 미치기 때문이다. 특히 사람들과 어울림이 편치 않은 사람의 경우 자연을 접할 때 배쪽 미주신경계가 지배적인 상태가 될 수 있다.

앞서 말했듯, 발달 트라우마가 있는 사람은 한꺼번에 자신을 바꿔 놓는 극적인 방법을 찾는다. 마치 이를 예상이나 한 것처럼 '10분 만에 자신을 바꿀 수 있다'거나 '세션 한 번으로 트라우마가 해소된다'라고 주장하는 책과 치료법도 많다. 하지만 몇 십 년 동안 굳어진 신경계의 패턴을 완화하기 위해서는 작은 자극을 반복적으로 주는 게 필요하다. 매일 15분 정도 공원을 산책하며 신선한 공기를 마시고 돌아오는 것만으로도 신경계의 경향을 크게 바꿀 수 있다.

가능하다면 조금씩 걷는 시간을 늘려 간다. 일단 하루에 15분 정도 걷는 게 가능해지면 시간을 20분, 25분, 30분으로 조금씩 늘려 간다. 어떤 사람은 매일 지속하지 못하면 자신에게 화가 나 그만두기도 한다. 그래서 1주일에 절반 정도처럼 목표를 낮게 설정해 가능한 한 오래 계속하는 것이 효과적이다. 걷기는 '행복 호르몬'이라고도 불리는 세로토닌 분비를 증가시키는 것으로 알려져 있다. 세로토닌 분비는 정신을 안정시키는 것으로도 알려져 있는데, 우울증 환자는 뇌에 세로토닌이 적다고 한다. 발달 트라우마가 있고 쉽게 우울해지는 사람에게는 세로토닌 수치를 높이는 것이 이상적이다.

어떤 사람은 비싼 헬스장에 등록해도 너무 바빠서 한 달에 한두 번 정도만 다니다 그만둔다. 하지만 걷기는 언제든 할 수 있고 돈도 들지 않는다. 그래서 내 생각에는 걷기가 가장 쉽게 시작할 수 있는 운동이다.

신경계 자극하기 - 앉아서 하는 일에서 벗어난다

걷기는 단순해 보이지만 실은 인류의 오랜 진화 과정에서 매우 중요한 역할을 해 왔다. 우리가 책상에 앉아 사무를 보며 돈을 벌기 시작한 것은 인류 역사상 아주 최근의 일이다. 지금은 컴퓨터 없는 생활은 상상하기 어렵지만 컴퓨터와 인터넷은 아주 최근 발명품이고, 인류가 수렵채집 생활을 한 건 수십만 년 동안이다. 인류 역사를 1년이란 시간으로 비유하면, 컴퓨터 사용이 시작된 시간은 달력이 바뀌는 12월 31일 자정 직전의 일이다. 그 이전에 우리는 오랫동안 매일 먹을거리를 모으러 다녔다.

1970년대, 한 남성 인류학자가 수렵채집민에게 남성이 사냥해서 가져오는 동물 단백질이 귀중한 영양원이었다는 논문을 발표했다. 그러다 1983년 어느 여성 인류학자는 남성이 사냥한 고기가 귀중한 단백질 공급원이긴 했지만, 여성이 채집한 나무 열매나 곤충이 당시 수렵채집인이 필요로 하는 영양의 90%를 충족시켰다는 책으로 일침을 가한 일이 있다. 어쨌든 우리는 이렇게 남녀가 함께 협력하여 매일 멀리까지 걸어서 음식을 찾아다니는 생활을 했다.

그렇게 우리의 몸은 오랜 시간 의자에 앉아 있는 데 익숙하지 않다. 오히려 먼 거리를 걷는 것이 원래 몸에 맞고 훨씬 더 자연스러운 방식이다. 과거 인간은 먹이를 쫓아 반복해서 언덕을 오르내리고 걷고 달리고, 때로는 멈춰 서서 발자국을 살피고, 때로는 그늘에 몸을 숨긴 채 시야로 먹이를 확인하며 이동했다. 이런 추적은 하루 안에 끝나지 않고 며칠에 걸쳐 이어지기도 했다. 일정한 속도로만 달리는 것이 아니라, 다양한 속도로 길게 걷고 달리는 것이 인간의 몸에 가장 적합하다는 설도 있다. 걷기 같은 활동은 단순해 보일 수 있지만, 실제로는 우리의 몸과 마음이 본래의 균형을 되찾는 데 매우 깊은 가치가 있다.

신경계 안정시키기 - 자연의 소리를 듣기

신경계를 안정시키는 또 다른 방법은 자연과 가까이 지내는 것이다. 우리는 오랫동안 자연의 은혜를 받고 살아왔고, 그 안에서 생존의 지혜를 배워왔다. 그래서 푸른 하늘, 나무, 동물들을 볼 때 몸은 본능적으로 '지금은 안전하다'라는 신호를 받는다. 새나 벌레 소리를 들으면 근처에 포식자가 없구나 느껴 자연스레 안심하게 된다. 이들이 내는 고

주파 소리는 귀에는 들리지 않아도 몸은 그 진동을 감지해 신경계를 진정시킨다. 실제로 인위적으로 녹음된 소리보다 살아 있는 자연의 소리를 들을 때 집중력이 높아진다는 연구도 있다. 자연의 소리는 우리의 신경계를 부드럽게 가라앉히고 디지털 기기로는 얻을 수 없는 깊은 안정감을 준다.

신경계로 '지금-여기'를 느끼기 - 경건함을 느낄 수 있는 장소를 방문하기

신사나 사찰 같은 곳에 가면 자연스럽게 호흡이 깊어지고 몸과 마음이 맑아지는 느낌이 든다. 그곳의 공기, 소리, 분위기는 우리가 무의식적으로 긴장을 풀고 신경계를 안정시키도록 도와준다.

인간이 농경을 시작하며 정착했다고 알려져 있다. 하지만 일부 연구에 따르면 종교의식을 위해 먼저 모이기 시작했고, 그로 인해 정주가 시작되었다고도 한다. 이스라엘에서 발견된 가장 오래된 농경 유적은 약 2만 3천 년 전 것으로, 종교적 흔적은 그 이전부터 존재했다. 이는 아주 오래전부터 인간이 '보이지 않는 존재'를 믿고 경외해 왔다는 뜻이다. 심지어 호모 사피엔스가 등장하기 전인 네안데르탈인의 무덤에서 꽃이 발견된 사례도 있다. 생명을 둘러싼 존중과 상징은 호모 사피엔스 이전부터 존재했던 셈이다. 우리 문화 속 꽃띠나 제례도 마찬가지다. 음식과 물, 생명, 치유를 가져다주는 어떤 '은혜'에 대한 감각은 인간 안에 오래도록 자리해 왔다.

사람을 대하는 것이 버겁게 느껴질 때 신사나 사찰, 조용한 교회 같은 곳을 찾아가는 것도 좋은 방법이다. 말 없는 공간에서 '지금 여기'

를 느끼며 숨을 고를 수 있다.

동물의 도움으로 안정감 넓히기 - 반려동물과의 교감

요즘은 '반려동물 붐'이라는 말이 나올 정도로 많은 사람이 동물과 함께 살아간다. 작은 개나 고양이, 햄스터, 새처럼 일본의 좁은 주거 환경에서도 키우기 쉬운 동물들이 특히 인기를 끌고 있다. 반려동물과의 교감을 통해 인간성과 사회성이 향상된다는 보고도 있다.

그중에서도 개는 인간과 오랜 세월을 함께해 온 존재다. 개의 조상은 늑대로 알려져 있으며, 약 3만 5,000년 전 개로 진화하기 시작했다고 추정된다. 당시 크로마뇽인의 거주지 근처에서 늑대보다 머리뼈가 작은 개의 화석이 발견된 바 있다. 인간 곁에 머물게 된 일부 늑대는 사람에게 도움을 주는 방식으로 먹이를 얻는 법을 배웠다. 자연에서 사냥하는 것보다 인간과 협력해 먹이를 얻는 편이 더 안전하고, 자손을 남기기에도 유리했기 때문이다. 이렇게 인간과 가까워진 늑대가 개로 진화한 것으로 보인다.

당시 사람들은 동굴처럼 단순한 거처에서 생활했다. 밤에는 불을 피워 육식동물로부터 자신을 보호했고, 동굴 안쪽에는 아기나 임산부가 자고 그 주변에는 노인과 아이들이 잠을 잤다. 그리고 가장 바깥쪽에서 자리를 지킨 건 개들이었다. 육식동물이 다가오면 개는 냄새나 소리로 재빨리 위험을 감지하고 짖어 사람들에게 위험을 알렸다. 사냥하러 갈 때도 개들은 인간을 따라다니며 사냥감을 몰거나 쫓는 데 큰 역할을 했다. 이처럼 인간에게 도움을 주는 개는 보상을 받았고, 그 관계는 세대를 넘어 이어졌다.

이집트에는 "개의 침은 의사다"라는 속담이 있다. 실제로 개의 침에는 상처를 빨리 치유하는 성분이 포함되어 있다는 연구 결과도 있다. 늑대는 경의를 표할 때 상대의 입을 핥는다고 한다. 늑대 새끼들은 부모가 사냥한 먹이를 삼키고 돌아오면 입을 핥아 재촉하고, 부모가 다시 그 고기를 토해내면 이를 받아먹는다. 이런 행동은 공경과 친애의 표시로, 개에게도 전해져 주인의 입을 핥는 행동으로 나타난다. 반려견과 함께 지내는 아이는 알레르기 질환에 걸릴 확률이 낮다는 연구도 있다. 물론, 개가 사람에게 옮길 수 있는 질병도 존재하므로 주의해야 하지만, 인간과 개는 3만 5천 년 동안 함께 살아왔기에 서로의 건강에 이바지해 왔다는 점은 충분히 이해할 수 있다.

동물과의 교감이 인간에게 좋은 영향을 미친다는 연구도 많이 이루어졌다. 반려견과 주인의 관계를 연구한 결과, 반려견과 함께 있으면 불안감이 해소되고, 과제 수행 능력이 향상되며, 행복감이 높아진다는 사실이 밝혀졌다. 또한, 개와 함께 생활하는 노인의 경우 심리 상태와 사회성이 향상되었으며, 혈압이 개선되었다는 보고도 있다.

뇌 깊숙한 곳까지 닿는 쾌감 자극 - 동물 만지기

고양이, 작은 새, 햄스터 같은 작은 동물도 많은 사랑을 받는다. 이들의 부드러운 촉감을 즐기는 것 역시 마음에 긍정적인 영향을 미친다. 인간 피부에는 'C 촉각 섬유'라는 감각신경이 있는데, 이 섬유는 뇌의 깊은 곳에 있는 '섬피질(insular cortex)'[1]과 직접 연결되어 있다. 섬피질

1) 역자주: 뇌의 측면 고랑 안쪽에 숨겨져 있는 대뇌 피질 부분으로, 뇌섬엽이라고도 불린다.

은 우리의 정체성, 즉 '나는 누구인가'라는 질문과 관련된 부위이다. 동물을 만지면 이 섬피질이 자극되어 깊은 안정감을 주는데, 이는 개를 쓰다듬거나 작은 동물을 손에 올려두는 것만으로도 마음이 편안해지는 이유이다.

사람의 온기를 연상케 하는 '따뜻한 감각'도 우리의 인상에 큰 영향을 미친다. 어느 실험에서 참가자들에게 엘리베이터 안에서 따뜻한 커피 혹은 차가운 커피를 건넨 후, 가상의 인물에 대한 설명을 읽게 했다. 따뜻한 커피를 받은 그룹은 그 인물을 '친절하다', '관대하다'라고 평가하는 비율이 높았다.

또 다른 실험에서는 부드러운 감촉이 협동심에 어떤 영향을 주는지 살폈다. 행인 64명에게 다섯 조각으로 된 퍼즐을 맞추게 했는데, 절반은 부드러운 천으로 덮인 퍼즐 조각을, 나머지는 거친 사포로 만든 조각을 사용하게 했다. 이후 참가자 모두에게 복권을 나눠주고, 이를 상대와 나누는 게임에 참여하게 했다. 그 결과, 부드러운 조각을 만진 그룹의 70%는 협력적으로 복권을 나누었고, 거친 조각을 만진 그룹의 75%는 자기중심적으로 나누는 경향을 보였다.

몸이 따뜻할 때 마음도 따뜻해지는 것은 뇌에 있는 섬피질과 줄무늬체[2]라는 부분이 반응하기 때문이다. 이 두 부위는 몸이 따뜻할 때 활성화되며, 동시에 심리적으로도 따뜻하다고 느낀다. 연구 결과에 따르면, 이에 따라 온화함이나 배려와 같은 따뜻한 마음을 가지기 쉬워진다고 한다. 반려동물과의 접촉처럼 따뜻하고 부드러운 것을 만지면 뇌 깊숙한 곳에 작용하여 연민의 감정을 자극하는 것으로 생각된다.

---

2) 역자주: 대뇌 기저핵을 이루는 부분으로, 운동, 자기조절, 자극-반응 관련 인지 등의 기능을 담당한다.

신경계 새로 만들기 - 요가, 댄스, 스포츠

요가, 필라테스, 댄스 등 몸을 사용하는 운동은 모두 신경계에 긍정적인 영향을 미친다. 발달 트라우마가 있으면 신경계가 과도하게 각성하고 흥분되거나 얼어붙은 상태가 되어 신체 움직임이 어색해지고 원활하지 않다. 그러나 운동을 통해 협응력과 통합된 신체 움직임을 배우게 되면 몸에 새겨진 트라우마를 해소하는 데 큰 도움이 된다. 본인이 원하면 격렬한 운동을 해도 되지만, 가능하다면 요가나 태극권과 같이 느린 동작의 운동이 더 효과적이다. 천천히 움직이며 몸을 부드럽게 조절할 수 있는 운동은 특히 바람직하다. 연구에 따르면, 이러한 운동은 신경계통을 부드럽게 자극해 손상된 부분을 회복시키는 데 도움이 된다고 한다.

예를 들어, 요가의 경우 처음부터 복잡한 자세를 목표로 하기보다는 하루에 5분 정도 간단한 이완 자세를 취하는 것만으로도 충분하다. 인터넷에는 무료로 제공되는 요가 동영상이 많아 집에서도 쉽게 시작할 수 있다. 또한 발레, 댄스, 전통 무용 등도 매우 효과적이다. 선생님이 춤추는 모습을 따라 하거나, 모두가 함께 군무를 추며 호흡을 맞추는 것도 신경계를 협동적으로 조정하는 데 도움이 된다.

면역 체계에 작용하여 신경계를 안정시키기 - 웃음

웃음은 면역 체계에 작용하여 신경계를 안정시키는 효과가 있다. 노먼 커즌스(Norman Cousins)는 1970년대 이후, 낙관주의와 웃음이 건강에 좋다는 사실을 널리 알렸다. 미국의 유명한 편집자였던 커즌스는

1964년, 강직성 척추염이라는 희귀하고 고통스러운 병에 걸렸고, 병원에서 완치 확률이 50분의 1이니 치료를 포기하라는 말을 들었다. 하지만 커즌스는 병의 원인이 스트레스라면, "사랑, 희망, 믿음, 웃음, 삶에 대한 의욕이 치료적 가치를 가질 수 있다"고 생각했다. 그는 자신이 건강을 회복한 경험을 바탕으로 웃음과 낙관주의의 효능에 대해 세상에 알렸다.

또한, 웃음은 '만병통치약'이라고 불릴 만큼 건강에 긍정적인 영향을 준다. 웃을 때 스트레스 호르몬인 코르티솔 분비가 줄고 불안이 완화된다는 연구도 있다. 웃음이 많은 사람일수록 결혼 생활이 원만하고 행복감이 높다는 보고도 있다.

웃는다는 건 곧 신체와 마음이 안전하다고 느낀다는 뜻이다. 그럴 때 자율신경계가 안정되고, 배쪽 미주신경이 활성화되며, 사회적 유대감도 좋아진다. 결국 웃음은 타인과 잘 지내는 데 도움이 되고, 장 건강을 포함한 전반적인 신체 건강에도 긍정적인 작용을 한다.

발달 트라우마로 인해 웃음을 잃은 사람은 그 부족함을 스스로 보충하는 노력이 필요하다. 지금 당장은 웃을 마음이 들지 않더라도, 웃음을 회복하는 것이 행복과 가까워지는 길이 될 수 있다. 코미디를 즐기는 것도 좋은 방법이다. 예를 들어, 이미 아는 코미디도 반복해서 듣다 보면 어느새 또 웃게 되는 신기한 경험을 할 수 있다. 다만, 코미디의 내용도 중요한데, 서로를 조롱하거나 폭력적인 내용을 담은 블랙 코미디는 '안전하다'라는 느낌을 주기 어렵다. 신경계에 긍정적인 영향을 주려면, 따뜻하고 배려가 느껴지는 웃음을 접하는 것이 더 도움이 된다.

심장의 박동으로 건강 키우기 - 노래 부르기

노래가 몸과 마음에 좋은 영향을 미친다는 보고는 많다. 우선, 노래는 표정 근육과 인두, 후두를 자극해 사회적 교류 시스템의 기능을 활발하게 한다. 또한, 노래할 때는 숨을 크게 들이마시고 천천히 내쉬게 된다. 들숨보다 날숨이 몇 배나 길어지는데, 이는 심장의 박동을 조절하는 동방결절[3]과 연결된 배쪽 미주신경에 영향을 미친다.

우리가 숨을 들이쉴 때는 심박수가 약간 빨라지고, 내쉴 때는 느려진다. 이를 '호흡성 부비동 부정맥(Respiratory Sinus Arrhythmia, RSA)'이라고 부르는데, 태어날 때부터 죽을 때까지 계속 뛰는 심장이 잠시라도 휴식을 취하려는 자연스러운 작용으로, 건강한 리듬으로 여겨진다. 노래를 부르면 숨을 내쉬는 시간이 길어지고, 이에 따라 심장박동의 흔들림 폭도 자연스럽게 커진다. 의식적으로 노력하지 않아도 우리 몸은 '지금은 안전하다'라는 신호를 받게 된다. 또한 주변 사람들과 함께 노래하면 그 자체로도 안전의 신호가 된다. 참고로, 다미주신경 이론의 주창자인 포지스 박사 역시 이 호흡성 부비동 부정맥에 대해 깊이 연구했다. 이 책에서는 전문적인 내용은 생략하지만, 자세한 내용은 관련 서적을 참조하기 바란다.

유럽 알프스 지방에는 '요들'이라는 노래가 있다. 요들은 예전에 양치기들이 산속에서 서로의 존재를 확인하기 위해 부른 노래라고 한다. 저음과 고음이 번갈아 울려 퍼지며, 멀리까지 소리가 닿도록 만들어져 있다. 양을 먹이기 위해 산속에서 몇 달을 혼자 지내야 했던 양치기들은 요들송을 통해 서로가 혼자가 아님을 확인하고 또 안부를 전했

3) 역자주: 심장의 우심방에 위치하며 심장의 박동을 조절한다.

다. 이는 공동체가 서로에게 '지금은 안전하다'라는 감각을 전하는 원초적인 방식이었다.

이렇게 소리내는 방식은 늑대의 울부짖음과도 닮았다. 늑대는 굵고 낮은 저음과 날카롭고 높은 고음을 결합해 울부짖는다. 이는 영역을 표시하거나, 길을 잃은 동료를 부르거나, 가족 간의 유대감을 강화하기 위해 사용하는 것으로 알려져 있다. 이처럼 저음과 고음을 결합해 리듬감 있는 소리를 내며 유대감을 깊게 하는 것은 사회적 교류 시스템을 가진 포유류의 특징일지도 모른다. 노래는 신경계와 직결되어 있어, 우리에게 건강함과 안정감을 가져다준다.

소리 자극으로 신경계 조절하기 - 듣기

포지스 박사는 '듣기'의 중요성에도 주목한다. 우리는 모든 소리를 듣는다고 생각할 수 있지만, 사실 무의식적인 수준에서 소리를 구분하고 정보를 처리하고 있다. 중이의 구조 중 '등자뼈근[4]'이라는 아주 작은 근육이 있다. 이 근육은 고막의 상태를 조절하는 역할을 하며, 마치 북의 가죽을 조이는 것처럼 작용한다. 등자뼈근이 적당히 긴장하면 주변의 저주파 소음을 걸러내고, 상대적으로 고주파인 사람의 목소리에 집중할 수 있게 된다. 우리가 안전하다고 느낄 때, 이 근육은 사람과의 대화를 즐길 수 있도록 작동한다.

반면, 위험을 감지할 때는 등자뼈근이 포식자의 으르렁거림처럼

4) 역자주: 귀 안쪽, 중이에 위치한다. 소리 자극에 반응해 움직임을 조절함으로써 고막과 내이를 보호하는 기능을 한다. 예를 들어, 갑자기 큰 소리가 들릴 때 등자골근이 수축해서 등자뼈의 진동을 줄이고, 그 덕분에 지나치게 큰 소리가 들어오는 것을 막는다.

낮고 위험한 소리에 반응하게 되며, 이때는 사람의 목소리에 집중하기 어려워진다. 이 원리를 바탕으로 포지스 박사는 '리스닝 프로젝트 프로토콜(LPP)'이라는 프로그램을 개발했다. 컴퓨터로 변조된 소리를 일정 기간 듣게 하여 중이의 신경 조절 기능을 활성화하고, 난청과 과민성 청각을 완화하는 데 성공했다. 이 프로그램은 생리적인 상태를 안정시키고 자발적인 사회적 교류를 촉진하는 데도 효과적이며, 자폐 스펙트럼증상자와 트라우마 환자들에게 활용되고 있다.

부적절한 양육으로 발달 트라우마를 경험한 이들 중에는 난청 증상을 겪는 경우도 많다. 또한 늘 경계 상태에 놓인 사람도 귀를 통해 '안전' 신호를 받아들이게 하면 신경계를 쉬게 하는 데 도움이 된다. LPP에서 들리는 소리는 억양을 과장한 소리로, 이처럼 억양이 풍부한 소리를 듣는 것은 신경계를 안정시키는 데 효과가 있다. 포지스 박사에 따르면, 아기를 안고 있는 엄마의 목소리 역시 이런 억양을 담고 있다.

스웨덴에는 '쿨닝(Kulning)'이라는 노래가 있다. 디즈니 영화 〈겨울왕국 2〉에서 엘사만 들을 수 있는 신비한 소리의 모티브가 되었다고 알려져 있다. 쿨닝은 스웨덴 산간 지역에서 여름 동안 방목 중인 소를 부르기 위해 여성들이 부르던 노래로, 독특한 발성과 풍부한 억양이 특징이다. 같은 포유류이자 배쪽 미주신경계를 가진 소에게도 '안전'의 신호로 전달되었을 것이다.

또한, 웨일스 작곡가 칼 젠킨스(Carl Jenkins)의 음악 시리즈 〈아디에무스(Adiemus)〉는 민속 음악처럼 억양이 풍부하고 풍성한 코러스 편곡이 특징이다. 아디에무스를 듣고 있으면 신비로운 감각에 휩싸이는 듯한 느낌을 받게 된다. 어쩌면 이는 청각 자극을 통해 배쪽 미주신경계가 자극되는 경험일지도 모른다. 나는 일본 민요에서도 이러한 억양을 발견했다. 주먹을 쥐고 절도 있게 부르는 방식은 '지금은 안전하다' 라는 신호를 보내며 배쪽 미주신경의 작용을 도와 마음을 안정시키는 게 아닌가 한다. 옛날 사람들이 농사일하거나 수확의 기쁨을 나눌 때 불렀던 민요는 사회적 교류를 촉진했을 것이다.

민요뿐 아니라 좋아하는 음악을 들으면 마음이 편안해지고, 정신적인 안정과 사회성 향상, 심지어 의료적 개입의 효과까지도 촉진하는 다양한 힘을 지닌다. 실제로 '음악치료'라는 분야에서는 음악이 신경계에 미치는 긍정적인 영향에 대해 다학제간 연구도 활발히 이뤄지고 있다.

포지스 박사는 대화에서도 어떤 표정과 목소리 톤으로 말하느냐에 따라 상대방이 받는 신호가 달라진다고 말한다. 예를 들어 '안녕하세요' 라는 인사 한마디도 눈을 마주치며 부드럽게 하는지, 활기차게 하는지, 아니면 어색하게 피하며 하는지에 따라 상대에게 전달되는 안전 신호가 완전히 달라진다. 안전하다는 신호를 많이 받을수록 신경계는 점점 더 안정되어 간다. 발달 트라우마로 고통받는 사람에게는 가능한 한 자신이 좋아하고 편안하다고 느끼는 소리를 들려주는 것이 좋다. 다미주신경 이론에 따르면, 귀를 통해 들어오는 '부드럽고 안전한' 소리는 신경계를 진정시키고 생리적 상태에 긍정적인 영향을 준다.

사회성을 키우고 생활하기 좋은 신경계를 길러주는 '놀이'

놀이에는 다양한 형태가 있다. 여럿이 함께 여가 활동을 하는 것도 놀이이고, 혼자 컴퓨터 게임을 즐기는 것도 놀이다. 포지스 박사는 다미주신경 이론에서 포유류 고유의 신경 운동으로서의 '놀이'에 주목한다. 이 책에서는 일반적인 의미의 놀이와 구별하기 위해 일본어 'あそ

び(아소비)'라는 표기를 함께 써서 '놀이(あそび)'라고 부른다.

포지스 박사에 따르면, 놀이(あそび)는 "신경계의 세 가지 상태, 즉 사회적 교류 상태, 각성상태, 부동 상태를 두려움 없이 자유롭게 오갈 수 있도록 돕는, 포유류 특유의 신경 운동"이다. 다시 말해, 그저 혼자서 즐기는 컴퓨터 게임 같은 활동은 여기서 말하는 '놀이'에 해당하지 않는다. 아이는 놀이를 통해 배쪽 미주신경계, 교감신경계, 그리고 등쪽 미주신경계를 자연스럽게 넘나들며 자기 신경계를 훈련하게 된다. 포지스 박사는 컴퓨터 게임이 이런 사회적 교류를 촉진하지 못하고, 오히려 교감신경계의 '싸우기/도망가기 반응'을 자극하는 데 그칠 수 있다고 지적한다. 그는 또한 포유류의 놀이에서 핵심 요소는 '얼굴을 마주한 상호작용'이라고 말한다. 놀이 중에 우리는 얼굴을 마주 보며 서로에게 안전 신호를 보내고, 이는 사회적 연결감을 높인다. 놀이하고 있을 때 교감신경계는 약간 흥분 상태가 되지만, 배쪽 미주신경계의 작용으로 과도한 공격성은 억제되고 자극 자체를 즐기며 사회적 교류가 가능해진다.

발달 트라우마가 있는 사람들은 어린 시절에 이런 종류의 놀이를 충분히 경험하지 못한 경우가 많다. 그래서 작은 자극에도 '무섭다'라고 느끼거나, 애초에 사람들과 함께 있는 것을 '안전하다'라고 느끼지 못해 놀이 자체를 즐기지 못할 수 있다. 이처럼 삶의 어려움 이면에는 어린 시절 사람들과 함께하는 즐거움을 신경계가 경험하지 못한 흔적이 자리 잡고 있을지도 모른다. 이는 단지 성격이 어두워서가 아니라 신경계의 아직 준비되지 않았기 때문이다.

초등학교 시절 피구를 무서워했던 내담자가 있었다. 피구에서는 공을 맞는 쪽이 정해진 사각형 안에 서 있어야 한다. 집에서 가혹한 체벌을 경험한 아이의 신경지각에게는 이 상황이 '피할 수 없는 공격'처럼 인식되고, 체벌의 기억이 되살아나는 경험이었다. 아이는 절망과 공포에 사로잡혀 도망도 치지 못했고 결국 공을 맞고 밖으로 나갔다. 그 이후로는 다른 사람에게 공을 맞히지 않으려고 애썼다고 한다. 하지만 발달 트라우마에 대한 이해가 없는 교사들은 아이의 태도를 이해하지 못했다. 모두가 활발하게 어울려 노는 동안 그녀는 양손을 힘없이 늘어뜨린 채 창백하고 굳은 표정을 하고 있었다. 그런 그녀에게 선생님은 “협동심이 부족하다”라고 지적했다. 건강한 아이에게는 긴장감 넘치고 신나는 놀이가 발달 트라우마를 지닌 아이에게는 절망과 공포의 경험이 될 수 있다.

놀이가 일반적으로는 신경 운동으로서 큰 도움이 되지만, 발달 트라우마를 지닌 사람에게 갑작스러운 집단 활동은 오히려 역효과를 낼 수 있다. 그런 경우, 단순히 사람들이 노는 모습을 지켜보는 것부터 시작해도 좋다. 스포츠를 관전하거나, 사람들이 즐겁게 어울리는 모습을 담은 TV 프로그램을 보는 것만으로도 신경계가 놀이를 준비하는 데 도움이 된다. 작은 것부터 시작하는 게 좋다.

신경계를 구성하는 재료 - 음식과 장내 세균총

발달 트라우마의 영향으로 기분이 우울하거나 짜증이 나고, 자신을 소중히 여길 수 없는 상태에서는 식사에 신경 쓰기조차 어렵다. 하지만 동시에, 좋은 음식을 먹지 않으면 자신을 돌보고 싶은 의욕도 생기지 않는다. 이 딜레마는 매우 현실적이고도 고통스럽다.

우리의 몸은 우리가 먹는 음식으로 이루어지고, 신경계 역시 예외가 아니다. 신경생리학적 상태를 변화시키기 위해서는 몸을 구성하는 기본 재료인 식생활에 신경 쓰는 것이 중요하다. 물론 기분이 가라앉아 있을 때는 식사조차 버겁게 느껴질 수 있다. 그럴 땐 바나나나 귤처럼 쉽게 먹을 수 있는 과일부터 시작해 보자. 아주 작은 실천이지만, 그 하나가 회복의 첫걸음이 될 수 있다.

최근 장내 세균총의 중요성이 널리 알려졌다. 장 속에는 다양한 균이 살고 있다. 유익균이 많아지면 건강이 증진되고, 해로운 균이 늘어나면 다양한 건강 문제가 발생한다. 기분을 안정시키는 신경전달물질인 세로토닌 대부분이 장에서 생성된다는 사실도 주목할 만하다. 또, 비타민이 부족하면 우울증에 취약해진다는 연구도 있다. 이런 물질들은 음식을 통해 직접 섭취되는 것이 아니라 장에 적절한 음식이 들어왔을 때 유익균에 의해 만들어진다.

그리고 장과 뇌는 밀접하게 연결돼 있다. 장에서 뇌로 정보를 보내는 신경섬유가 전체의 80%를 차지한다는 점을 떠올려보면, 장의 건강이 곧 마음의 안정과 바로 연결됨을 알 수 있다. 이처럼 장의 활동을 촉진하는 건강 습관을 뜻하는 '장활(腸活)[5]'이라는 말이 생겨날 정도다.

그러나 현대인의 식생활은 수렵채집 시대의 인체 구조와 크게 어긋나 있다. 과거에는 나무 열매, 풀, 잡곡, 벌레, 해산물, 고기처럼 섬유질이 풍부하고 단맛이 적은 식품을 주로 섭취했다. 지금처럼 크고 달콤한 과일이나 정제된 당분은 없었고, 고기도 질기고 단단한 종류가 많았다. 당질 섭취는 적고, 오메가3 지방산처럼 몸에 좋은 지방을 풍부하게 섭취했다. 지방에도 종류가 있다. 오메가6 지방산은 과다 섭취 시 염증

5) 역자주: 단순히 소화를 돕는 것을 넘어, 장내 미생물 균형을 건강하게 만드는 습관이나 활동을 통칭. 장 건강을 통해 전반적인 신체 건강을 증진하는 것을 목표로 한다.

반응을 일으켜 뇌 손상과 심장질환의 위험을 높이지만, 오메가3 지방산은 뇌 기능을 향상하고 염증을 억제하며 오메가6와의 균형을 유지해준다. 수렵채집인의 식단에서는 이 비율이 1:1 정도였지만, 현대 식단에서는 오메가6 지방산이 압도적으로 많아져 균형이 깨졌다는 보고도 있다.

이미 널리 알려진 것처럼, 장내 유익균을 늘리기 위해서는 건강한 식습관이 중요하다. 식생활에는 다양한 견해와 체질별 식이요법이 존재하고 종교적 규범을 따르는 사람도 있다. 또한 그 사람의 체질에 맞는 식이요법도 중요할 것이다. 그런 만큼 일률적인 정답은 없지만, 기본적으로 곡물, 채소, 과일, 해조류, 콩류, 육류, 생선 등을 골고루 섭취하는 식단이라면 틀리지 않은 선택이다.

신경감각에 균형을 되찾기 위해서도 장을 포함한 내장 상태를 서서히 개선해 나가는 것이 중요하다. 요즘처럼 가공식품과 자극적인 음식이 넘쳐나는 환경에서는 '맛있고 편리한 음식만 먹는 것'이 오히려 영양 불균형을 초래할 수 있다. 풀이나 벌레, 시큼한 열매, 딱딱한 견과류, 질긴 고기처럼 현대인의 입맛에 맞지 않는 음식들이 오히려 인체가 진화 과정에서 익숙해진 자연스러운 먹거리였다. 물론, 현대인들이 갑자기 흰쌀밥을 끊고 도토리를 먹을 수는 없다. 다만 조금이라도 더 좋은 음식을 선택하려는 노력이 필요하다. 예를 들어, 나는 생채소나 장아찌에 오메가3가 풍부한 아마씨유를 곁들여 먹는다. 이런 작은 정성이 나에게는 몸과 마음을 위한 활력소가 된다. 더 자세한 정보는 영양학이나 식생활에 관한 책들을 참고하면 좋다. 자신에게 맞는 방식으로, 무리 없이 실천할 수 있는 작은 변화부터 시작해 보자. 그것이 곧 신경계를 회복시키는 삶의 방식이 될 수 있다.

장내 세균총을 보호하기 - 약 잘 판단해서 먹기

치료에 필요한 약은 제대로 먹는 것이 중요하다. 하지만 항생제를 무분별하게 복용하면 어렵게 길러낸 장내 세균총이 손상될 수 있다는 점도 기억해야 한다. 약은 꼭 필요할 때, 의사의 지시에 따라 복용하고, 그 외에는 가능한 한 잘 쉬면서 몸 상태를 조절하는 것이 좋다. 물론 바쁜 현대인에게 충분한 휴식은 쉽지 않지만 몸의 리듬을 회복하는 것이 이상적이다.

예를 들어, 충치로 인한 통증이 있을 때 진통제를 임시로 먹을 수는 있지만, 진통제만으로 충치가 낫는 것은 아니다. 마찬가지로, 발달 트라우마에 대해 무작정 약만 먹는 것은 근본적인 해결책이 되지 않는다는 의견도 있다. 실제로 발달 트라우마에는 약물치료보다 심리 상담이 더 효과적이라는 연구도 보고되고 있다. 결국 중요한 것은 몸 전체의 건강함을 회복하는 일이고, 특히 몸의 감각을 회복시키고 자율신경계를 조절하는 소매틱한 접근이 점점 더 주목받고 있다.

자율신경계를 자극한다 - 자율신경 훈련법

조금 전문적인 이야기일 수 있지만, '자율훈련법(Autogenic Training)[6]'도 매우 도움이 된다. 이 기법은 몸과 마음을 이완시키기는 이미지와 자기 암시를 단계적으로 떠올리는 방식이다. 예를 들어, "손과 발이 무

6) 역자주: 6단계의 암기문(오른팔이 무겁다, 오른팔이 따뜻하다, 호흡이 고르고 고요하다. 배가 따뜻하다, 이마가 시원하다, 심장이 고요하고 힘차게 뛴다)을 떠올려 근육 이완에 이르는 방법으로, 자기최면을 통해 부교감신경을 항진시킨다.

겁다", "손과 발이 따뜻하다" 같은 문장을 천천히 마음속으로 되뇌면서 몸의 감각을 느껴보는 훈련이다. 이러한 방식은 점진적으로 몸의 이완 상태를 유도하며, 불안이나 긴장 상태를 완화하는 데 효과적이다. 관련된 해설서나 실천 안내서도 다양하게 나와 있으니, 관심 있는 이들은 한 번 참고해보는 것도 좋겠다.

개인적으로도 이 자율훈련법에 큰 도움을 받았다. 어린 시절 겪은 트라우마로 인해 나는 교통수단, 특히 비행기를 타는 것이 두려웠다. 그러나 이 훈련법을 꾸준히 실천하면서 세계 여러 곳을 여행할 수 있게 되었고, 지금도 비행 중 기류가 불안정해 흔들릴 때면 이 방법을 통해 내 몸과 마음을 진정시키곤 한다. 완전히 두려움이 사라진 것은 아니지만, 더 이상 무력감에 빠지지 않고 스스로를 돌보는 방법을 배웠다는 점에서 큰 전환점이 되었다.

신경계에 긍정적인 경로를 만드는 것 - 세 가지 좋은 일

이 방법은 긍정심리학의 연구 결과에서 밝혀진 것으로, 밤에 자기 전에 그날 있었던 '좋은 일' 세 가지를 떠올리는 습관을 꾸준히 이어가면 점차 기분이 밝아지고 마음속에 희망이 생긴다고 한다. 언뜻 비과학적으로 느껴질 수도 있지만, 실제로는 과학적으로 검증된 방법이다. 뇌는 잠자는 동안에도 그날의 경험을 반복 학습하고 있다는 사실이 밝혀졌다. 잠들기 직전에 긍정적인 경험을 떠올리는 습관이 뇌에 긍정적인 회로를 강화한다고 한다.

좋은 일을 떠올리는 것조차 쉽지 않을 수 있다. 특히 발달 트라우마를 안고 있는 사람에게는 더 그렇다. 그래서 '세 가지 좋은 일'을 실천할 때는 아주 작고 소소한 일부터 시작하는 것이 중요하다. 예를 들어, "아침에 참새 소리가 들려서 귀엽다고 생각했다", "토스트가 노릇노릇 잘 구워졌다", "아침 커피 향이 좋았다"와 같은 감각적인 경험을 의식적으로 알아차리는 것이 하나의 연습이다. 하지만 지금의 괴로움이 너무 크기 때문에, 이런 시도가 '언 발에 오줌 누기'처럼 느껴질 수 있다. "이 정도로는 아무것도 달라지지 않아. 정말 큰 변화가 있어야만 나는 편해질 수 있어"라는 생각이 들 수도 있다. 하지만 이런 생각은 오히려 회복을 더 더디게 한다. 안타깝지만, 우리의 신경계를 단번에 편안하게 해주는 약은 없다. 쉽지 않겠지만, '천릿길도 한 걸음부터'라는 말처럼 한번 시도해보면 좋겠다.

C 촉각 섬유 자극 - 터치

또 하나 매우 유용한 방법이 있다. 바로 '터치'이다. 마사지를 받는 것도 대표적인 터치이지만, 꼭 누군가에게 마사지를 받지 않더라도 스스로 부드럽게 몸에 손을 얹는 것만으로도 충분하다. 이렇게 자신에게 행하는 '셀프 터치'는 누구나 쉽게 할 수 있고, 실제로 효과도 있다.

터치의 효과를 과학적으로 연구한 대표적인 인물은 사쿠라미린대학 교양학부의 야마구치 창(山口創) 교수다. 그는 초당 5~10㎝ 정도의 속도로 피부를 마사지하면 'C 촉각 섬유(C-tactile fiber)'가 가장 많이 반응한다는 것을 밝혀냈다. 앞서 설명했듯 이 C 촉각 섬유는 뇌의 깊은 영역인 섬피질(insular cortex)과 직접 연결되어 있다. 섬피질은 '나는 누구인가'를 감지하는 정체성과 관련된 뇌 부위로 알려져 있다. 또, 자기 몸이 어떻게 느껴지는지, 신체 경계가 어디까지인지 인식하게 하고, 타인의 감정을 짐작할 때도 반응하는 곳이다. 이렇게 사회적 교류와 관련된 인간의 중요한 기능이 터치에 의해 자극되는 것 같다.

발달 트라우마가 있는 경우, 신체 경계가 자주 침해되었을 가능성이 있다. 예를 들어, 맞거나 억지로 안기거나, 원치 않는 접촉을 당하거나, 싫은 음식을 강제로 먹는 등 아이의 의사와 상관없이 신체 경계를 무시당한 경험들이 있었을 수 있다.

그래서 적절한 터치를 통해 신체 경계에 대한 감각을 회복하고, 쾌감을 다시 느끼며, 자신에 대한 감각을 새롭게 구축하는 일은 회복에 큰 도움이 된다. 산책 후 몸을 가볍게 쓰다듬는 것 같은 작은 일도 그 시작이 될 수 있다.

CHAPTER

12 치료 받기

전문가의 도움이 필요한 상태란?

심신에 중대한 문제가 나타나고 있을 때는 신속하게 전문가의 도움을 얻을 필요가 있다. 예를 들어, 심한 짜증이 계속되거나, 우울한 기분이 지속되거나, 슬픔과 분노, 절망 사이를 롤러코스터처럼 오르내리는 상태가 지속되어 출근도 사람을 만나는 일도 어렵게 느껴질 때가 있다. 또한 식사나 수면, 목욕, 양치질 같은 기본적인 생활 습관을 유지하는 게 힘들어진다면, 이 역시 전문가의 도움이 필요한 신호이다. "죽고 싶다", "사라지고 싶다" 등의 생각이 자주 떠오른다면, 그 역시 즉각적인 개입이 필요하다. 갑작스럽게 무서운 기억이 떠올라 당시의 감정을 다시 겪는 플래시백이 일어난다든가, 특별히 연상되는 일이 없음에도 불구하고 예기치 않은 순간에 무서운 영상이나 사고가 반복적으로 떠오르는 일도 있다. 이는 모두 트라우마와 관련된 증상일 가능성이 있으며, 전문적인 평가와 지원이 요구된다. 공황장애나 강박성 장애 등의 증상이 강하게 나타나 일상생활에 지장을 줄 정도라면, 반드시 전문가에게 진찰받아야 한다. 또한, 통증이나 메스꺼움, 오한 등 신체 증상이 심하게 나타날 경우에도 전문가의 도움이 필요하다.

신체적인 불편함도 사실은 마음과 깊은 관련이 있는 경우가 많다. 천식, 어지럼증, 편두통, 만성 통증, 과민 대장 증후군, 비만, 고혈압 등은 자율신경계의 영향을 크게 받는 질환으로 알려져 있다. 따라서 의사의 진단을 정확히 받고 약물치료나 필요한 의학적 처치를 적절히 시행하는 것이 중요하다. 특히 이러한 증상들의 기저에 트라우마가 숨어 있는 경우에는, 신체적 치료와 함께 트라우마 치료를 병행하는 것이 더욱 효과적일 수 있다. 발달 트라우마를 겪은 사람은 고통을 혼자 참고 견디며 타인에게 상담하거나 도움을 요청하지 않으려는 경향이 있다. 컨디션이 매우 나빠도 자신이 힘든 상태라는 것을 인식하지 못하거나, 자신은 치료받을 만한 가치가 없다고 느끼는 경우도 적지 않다. 이러한 회피나 자기 무시는 발달 트라우마의 전형적인 특징 중 하나다. 우울감이 깊어져 마음이 완전히 얼어붙은 상태에 이르면, 스스로 그 자리에서 빠져나오는 것이 매우 어려워질 수 있다. 그렇기에 가능하다면 "이건 뭔가 좀 이상하다"라는 생각이 들 때, 그 시점에 적절한 지원을 받는 것이 중요하다.

인생을 돌아볼 때는 전문가의 도움을

앞서 언급했듯이, 꼭 답답하고 힘든 상황이 아니더라도 전문가의 도움을 받는 것이 훨씬 더 좋은 선택일 때가 있다. 오랜 시간 혼자서 고군분투하며 지내기보다는 전문가와 함께 정리해 나가는 편이 더 안전하고 효율적일 수 있다.

삶의 어려움을 치유하기 위해서는 자신이 어떤 방식으로 성장해

왔는지, 혹시 부적절한 양육을 받지는 않았는지 돌아볼 필요가 있다. 이러한 성찰 과정에서 부모에 대한 분노가 솟구치거나, 어린 시절의 아픔과 슬픔이 다시 떠오를 수도 있다. '이런 기억을 떠올린다고 해서 달라지는 게 있을까?' 하고 덮어두고 싶은 마음이 들 수도 있다. 그러나 전문가의 도움 없이 이 과정을 혼자 감당하려 하면, 자칫 자신과 부모 모두에게 친절한 시선으로 되돌아보는 기회를 놓칠 수 있다.

치료사에게 잘 들어달라고 하자

치료받을 때는 자신이 얼마나 힘들었는지, 얼마나 슬펐는지, 얼마나 화가 났는지를 조심스럽고 정중하게 이야기해 보는 것이 좋다. 자신의 아픔을 충분히 이해받았다고 느낄 수 있게 되면, 어느 순간 '이건 나나 우리 부모만의 문제가 아니었구나', '이건 인류가 오랜 시간 동안 겪어 온 부정적인 유산이었구나'라는 깊은 통찰이 찾아올지도 모른다.

무엇보다 중요한 점은 '내가 너무 예민해서 그래', '내 성격이 문제야'라는 자책에서 벗어나는 일이다. 발달 트라우마로 인한 '삶의 어려움'을 차근차근 '삶의 힘'으로 전환할 수 있도록 적절한 지원을 받는 것이 필요하다.

치료사를 선택하는 방법

지금은 '치료의 전성시대'라고 할 만큼 인터넷을 검색하면 수많은 정보가 쏟아져 나온다. 나를 찾아오는 내담자 중에도 이미 여러 치료사와 세션을 경험한 이들이 많다. 어떤 곳은 홈페이지에 매우 좋은 내용이 적혀 있어 기대하고 방문했지만, 반복되는 설교나 불쾌한 경험으로 치료 자체에 대한 신뢰를 잃게 되었다는 이야기를 듣기도 한다. 나중에 알아보니 특별히 신뢰할 만한 자격이 있는 것도 아니고, 그저 대중이 좋아할 만한 이미지로 홈페이지를 잘 꾸민 경우였다고 한다.

자신에게 맞는 좋은 치료사를 만나는 일은 무엇보다 중요하다. 치료사가 어떤 전문 교육을 받았는지, 어떤 자격증을 가졌는지, 장소와 요금, 예약 및 취소 수수료 시스템은 어떻게 되는지를 미리 확인하는 것이 필요하다. 만약 이런 기본적인 설명조차 제대로 해주지 않는다면, 그런 곳은 피하는 것이 좋다. 특히 평판이 좋고 인기 있는 치료사는 취소 수수료 규정이 엄격한 경우가 많다. "세션 예약을 변경하고 싶어요"라는 단순한 요청에도 수수료가 발생할 수 있으므로 주의가 필요하다. 치료는 미용실이나 레스토랑처럼 쉽게 예약을 변경할 수 있는 서비스가 아니다.

심리치료사의 자격증 중 국가자격으로는 '공인심리사'가 있고, 대학원 과정을 이수하고 시험에 합격해야 취득할 수 있는 '임상심리사' 자격도 있다.[1] 이 두 자격은 신뢰도와 사회적 평가가 높은 편이다. 이 중 하나 또는 둘 다를 가지고 있다면, 치료사의 자격을 판단하는 하나의 기준이 될 수 있다.

물론 이런 자격증이 없어도 실력 있고 경험 많은 치료사들도 많다. 반대로 자격증이 있다고 해서 반드시 좋은 치료사라고는 할 수 없다. 그래서 결국은 직접 확인해보는 것이 가장 좋은 방법이다. 요즘은 다양

1) 우리나라의 경우는 국가자격으로는 정신건강임상심리사(보건복지부), 임상심리사(한국산업인력공단), 그리고 청소년상담사(여성가족부)가 있고, 공신력을 갖춘 민간 자격증으로는 상담심리사(한국상담심리학회)와 전문상담사(한국상담학회)가 있다.

한 심리요법이 소개되고 있고, 특정 기법을 전문적으로 사용하는 치료사들도 있다. 이 경우, 그 기법이 실제로 신뢰할 수 있는 방식인지 먼저 살펴보는 것이 좋다.

또한 치료사와의 '궁합'도 중요하다. 나에게는 남성 치료사가 편한지, 여성 치료사가 편한지, 혹은 어떤 나이나 말투 등에서 편안함을 느끼는지도 중요한 판단 기준이 된다. 치료실이 다니기 편한 위치에 있는지도 고려해야 한다. 몇 군데를 직접 경험해 본 후 자신에게 맞는 곳을 선택하는 것도 좋은 방법이다.

무엇보다, 치료사를 선택할 때는 '발달 트라우마'에 대한 이해와 전문적인 훈련을 받았는지 꼭 확인해야 한다. 치료는 훌륭한 선생님에게 배우러 가는 것이 아니고, 이때 주인공은 바로 '나'다. 내 삶의 필요를 잘 이해하고, 나에게 꼭 맞는 적절한 지원을 제공해 줄 수 있는 전문가를 찾아야 한다. 명심하자. 모든 것은 당신의 시간, 당신의 돈, 그리고 당신의 회복을 위한 여정이다.

소매틱 치료

트라우마 치료법 중에 잘 알려진 기법으로 EMDR(안구운동 민감소실 및 재처리)이 있다. EMDR은 세계보건기구(WHO)에서 효과를 인정한 치료법으로, 일본에도 전문 치료사들이 있다. 이 외에도 다양한 소매틱(somatic, 신체중심) 접근법들이 있다. 예를 들어, 브레인스포팅(Brainspotting), TFT(사고장치요법), 뇌운동(Brain Gym), 홀로그래피 토크(Holographic Talk), 그리고 이후에 자세히 소개할 신체중심 트라우마 치료(Somatic Experiencing, SE®) 등이 있다. 또한 몸의 균형을 직접적으로 회복하는 접근으로는 롤핑(Rolfing), 알렉산더 테크닉, 펠덴크라이스 메소드(Feldenkrais Method) 등이 있으며, 이는 주로 몸의 자세나 움직임을 통해 긴장을 풀고 안정감을 회복하는 데 도움을 준다. 마지막으로, 심신의 조화를 통해 생명력 회복에 중점을 둔 기법으로는 바이오다이나믹스(Biodynamics), 두개천골요법(Craniosacral Therapy) 등이 있다. 이들 기법은 섬세한 신체 접촉과 내면의 흐름에 집중하여 깊은 안정과 회복을 유도하는 방식이다.

차분히 대처하기

어떤 기법을 시도하든 어느 정도 시간을 두고 천천히 접근하는 것이 중요하다. 나는 종종 내담자들에게 분재 이야기를 비유로 들려주곤 한다. 예를 들어, 소나무 가지가 조금 더 구부러졌으면 좋겠다고 해보자. 그런데 그걸 갑자기 힘을 줘서 억지로 구부리면 가지는 부러지고 만다. 분재를 가꾸는 사람은 아주 조금씩, 천천히 가지를 구부린다. 잠시 기다렸다가 또 조금, 그리고 다시 조금. 그렇게 긴 시간에 걸쳐 형태를 만들어간다. 신경계도 살아 있는 나뭇가지와 같아서 갑자기 바뀌지 않는다. 살아 있는 것을 재구성하는 일이기에 서두르지 말고 시간을 들이는 것이 필요하다.

소매틱 접근 역시 마찬가지다. 겉으로 보기엔 큰 변화가 없는 것처럼 느껴질 수 있다. 그래서 "이게 정말 효과가 있나?" 하고 의심이 생길 때도 있다. 그래서 치료사를 신뢰하며 차분히 걸어가는 일이 중요하다. 만약 변화가 적다고 느껴져 불안하다면, 치료사에게 솔직하게 터놓고 이야기해 보자. 그에 대해 어떻게 반응하느냐도 치료사의 자질 중 하나다. 만약 내 말을 가볍게 넘기거나 충분히 설명해주지 않는다면 다른 치료사를 고려해보는 것도 괜찮다. 무조건 참을 필요는 없다. '뭔가 이상하다'라는 느낌이 든다면 누구에게든 상담해도 된다. 물론 치료사를 너무 자주 바꾸는 건 도움이 되지 않지만, 대응이 부적절한 치료사에게 머무를 필요는 없다.

신체중심 트라우마 치료Somatic Experiencing®, SE®

이제부터 제가 전문으로 하는 신체중심 트라우마 치료(SE®)에 대해 이야기해 보려 한다.

SE®는 신경생리학과 심리학을 전공한 피터 A. 레빈 박사가 고안한 기법으로, 그 시작은 50년 전으로 거슬러 올라간다. 동물의 행동에 관심을 가진 레빈 박사는 어느 날 사바나의 동물들을 관찰하며 중요한 질문 하나를 떠올렸다. 사자, 치타, 하이에나 같은 포식자들이 가득한 초원에서 얼룩말은 도대체 어떻게 살아남을까? 더 놀라운 점은, 언제 공격받을지 모르는 상황에서도 얼룩말은 겁먹은 기색 없이 평온하게 풀을 뜯고 있다는 사실이었다. 게다가 간신히 목숨을 건지고 도망친 후에도 얼룩말은 여전히 여유롭게 풀을 뜯는다. PTSD에 걸린 듯한 징후는 보이지 않는다. "사자에게 쫓긴 이후로는 풀맛도 모르겠고, 초원이 회색빛으로 보인다"라고 하는 얼룩말은 없다.

하지만 만약 인간이 사자에게 쫓기면 어떻게 될까? 그 후로 비슷한 상황만 닥쳐도 쉽게 놀라고, 악몽에 시달리고, 조금 큰 소리만 들어도 놀라서 책상 밑으로 숨거나 도망치는 반응을 보일 수 있다. 길을 걷다가 멀리서 큰 개가 다가오는 것만 봐도 사자에게 쫓기던 기억이 떠오르며 심장이 벌렁거리고, 식은땀이 나며, 눈앞이 캄캄해지는 경험을 할 수 있다. 식은땀을 흘리며 도망칠지도 모른다. 그렇다면 인간과 얼룩말의 차이는 무엇일까?

7장에서 언급한 것처럼, 얼룩말도 위협적인 상황에서 다른 방법이 없다고 판단되면 일시적으로 기절하거나 얼어붙기 반응을 보인다. 처음에 살아남기 위해 도망칠 때는 교감신경계가 우세한 상태이지만, 더 이상 방법이 없다고 판단되는 순간 급제동이 걸리듯 부교감신경계, 특히 배쪽 미주신경이 활성화되면서 신체는 셧다운 상태로 들어간다. 몸이 축 늘어지고 심장은 느리게 뛰며 호흡도 얕고 느려진다. 만에 하나 잡아먹혀도 고통을 덜 느끼게 된다. 축 처져서 더 이상 움직이지 않는 얼룩말을 보면 사자는 얼룩말이 죽은 줄 알고 그냥 자리를 떠나기도 한다. 하지만 몇 분이 지나면 얼룩말은 숨을 몰아쉬고 온몸을 부르르 떨며 일어난다.[2] 그리고는 마치 아무 일도 없었던 것처럼 쏜살같이 다시 초원을 달려 나간다.

인간은 뇌가 고도로 발달했기 때문에, 얼룩말처럼 몸을 떨면서 교감신경계의 에너지를 몸 밖으로 내보내고, 그 뒤 두려움을 잊고 다시 건강하고 여유롭게 풀을 뜯는 식으로 회복하기는 어렵다. 또한 경계를 풀지 못하기 때문에 반복적으로 공포를 느끼고 피로를 경험하게 된다. 그래서 인간은 PTSD(외상 후 스트레스 장애)를 겪게 된다. PTSD는 위협이 사라진 뒤에도 신경계가 계속해서 경계 상태를 유지하는 것을 말한다. 위험이 지나간 후 흥분을 가라앉히고 경계를 풀 수 있다면 좋겠지

2) 역자주: 이 '떨림'은 신경계에 남은 생존 반응의 에너지를 몸 밖으로 배출하는 과정으로, 얼룩말은 자신에게 닥친 충격을 몸을 통해 자연스럽게 해소하고 있었던 것이다. 바로 이 점에 주목한 레빈 박사는 인간의 트라우마도 몸을 통해 회복될 수 있다는 이론을 세우고, 신체중심 치료(SE®)를 개발하게 된다.

만, 활성화된 신경계를 제대로 비활성화하지 못하면 이 경계 상태는 계속해서 이어진다.

다미주신경 이론과 트라우마 치료의 만남

다미주신경 이론을 구축한 포지스 박사와 SE®를 개발한 레빈 박사는 지인 관계로 서로에게 영감을 주고받으며 각자의 연구를 진행했다고 한다. 레빈 박사는 동물의 행동, 특히 '얼어붙기' 반응이 일어나는 메커니즘에 관심이 많았고, 포지스 박사는 신생아의 무호흡 현상을 중심으로 자율신경계의 반응을 연구해 왔다. 이 두 사람은 캘리포니아에서 만나 의기투합했다고 한다. 처음에 포지스 박사는 자신의 다미주신경 이론과 트라우마 치료와 접점이 있을 거라고는 생각하지 못했다. 하지만 실제로 현장에서 트라우마 치료사들을 만나면서 다미주신경 이론의 잠재적 가치를 깨닫게 되었다고 한다.

왜 인간은 무서운 상황에서 도망치거나 싸우지 않고 기절해버릴까? 왜 트라우마를 겪은 사람은 감정이 쉽게 격해지고 조절이 어려울까? 왜 장 건강이 나빠지고, 호르몬 균형과 면역력이 무너질까? 왜 어떤 세션에서는 작은 자극에도 과도하게 반응하고 진행이 어려워질까? 이러한 질문에 대해 포지스 박사의 다미주신경 이론은 매우 명쾌한 설명을 제시해 주었다. 이 모든 현상은 의지나 성격의 문제가 아니라 자율신경계 조절 기능의 문제라는 것이다.

SE®의 기법

SE®는 다미주신경 이론의 통찰을 실제 치유 과정에 적용한 대표적인 소매틱 접근법 중 하나다. SE®에서는 신체 감각을 느끼고 따라가는 '추적하기'라는 기법을 사용한다. 그리고 몸 안에 갇혀 있던 트라우마 에너지를 '수위조절' 하면서 조금씩 조금씩 안전하게 방출한다. 이러한 작업을 안전하게 할 수 있도록 '자원'이라 부르는 편안한 감각이나 기분 좋은 이미지 등을 함께 떠올리며 진행한다.

SE®의 목표는 완료되지 못한 자기방어 반응을 완료시키는 것이다. 예를 들어, 어릴 때 컵을 엎질러서 물을 쏟았다고 해보자. 아직 손재주가 서툰 아이에게 부모가 큰 소리로 야단을 치거나 벌을 준다면, 그것은 과도한 반응이고 부적절한 양육이라 할 수 있다. 이때 아이는 두려움에 사로잡히게 된다. 만약 아이가 부모 없이도 살아갈 수 있는 존재라면 불합리한 부모를 떠나면 되니까 그렇게 큰 충격을 받지는 않을 것이다. 하지만 아이는 생존을 위해 그 부모에게 의지해야만 한다. '이 사람을 화나게 하면 나는 살 수 없다'라고 생각하면 두려움에 얼어붙어서 반항도, 도망도 할 수 없게 된다. 결국 아이는 싸우지도 도망치지도 못한 채 그 경험을 몸 안에 미완료의 상태로 남겨두게 된다. 이러한 미완료 경험이 축적되면 신경계에 큰 부담을 주게 된다. 발달 트라우마를 가진 사람들은 이러한 상태를 반복해서 겪었을 가능성이 크다. 그래서 그들의 몸은 아직도 과거의 위협 앞에 머물러 있고, 안전함을 잘 느끼지 못한다.

SE®를 통한 발달 트라우마의 해소

SE®는 교통사고나 폭력과 같은 신체적 충격을 겪은 상황에서 완료되지 못한 자기방어 반응을 완료하도록 유도해 몸에 축적된 트라우마 에너지를 해소한다. 일각에서는 SE®가 발달 트라우마에는 효과가 부족하다는 의견도 있지만, 나는 오히려 발달 트라우마에도 매우 효과적인 접근법이라고 생각한다. 실제로 나 역시 치료 세션에서 SE®의 기법을 자주 활용하고 있다. 부적절한 양육 환경에서 자란 아이에게는 스스로 자신을 보호할 수 없었던 기억들, 즉 완료되지 못한 자기방어 반응이 많이 남아 있기 때문이다.

발달 트라우마를 가진 사람은 삶의 초기에 슬프고 두려운 사건들을 정말 많이 겪었을 가능성이 크다. 그 기억을 떠올리다 보면, 마치 고구마 줄기처럼 하나씩 줄줄이 되살아나기도 한다. 하지만 슬픈 체험이 100번 있었다고 해서 꼭 세션을 100번 받아야 하는 것은 아니다.

보통 SE®에서는 작은 에피소드부터 시작한다. 그쪽이 자극이 적고, 신경계가 비교적 안정된 상태에서 접근할 수 있기 때문이다. 안전한 상태에서 그 일을 떠올리면, 몸은 살짝 흥분 상태로 접어들며 교감신경계가 활성화된다. 그 상태에서 당시 표현하지 못했던 움직임이나 하고 싶었지만 하지 못했던 말을 세션 안에서 다시 한 번 안전하게 체험하게 된다. 그 과정을 통해 신경계는 긴장을 풀고 비활성화가 일어나고, 이러한 신경생리학적 반응을 통해 신경계가 통합되고 안정되어 간다.

레빈 박사는 이때 뇌의 시냅스도 재조합되어 '절차 기억' 속에 담겨있던 트라우마 기억이 정리되고 통합된다고 말한다. 그리고 '나는 당했다'라는 그 패배의 기억은 '나는 할 수 있다'는 가능성의 기억으로 서서히 바뀌어 간다.

이렇게 수많은 패배의 기억이나 비참한 기억을 SE® 세션을 통해 승리의 경험으로 바꾸어 나간다. 이는 머리로 '나는 할 수 있다'고 생각하거나, '그건 지나간 일이고, 이미 끝난 일'이라고 자신을 설득하는 것과는 전혀 다르다. 몸으로 '할 수 있다'는 '감각'을 직접 맛보는 것이다. 그렇게 함으로써 기억 자체도 다시 쓰이고, 자아상 역시 바뀌게 된다. SE®는 사고나 재해처럼 충격적인 경험에만 효과적이라는 의견도 있지만, 그 기본 구조는 부모와의 관계, 성적 경험, 왕따, 학교 폭력, 겁을 먹었던 상황 등 다양한 경험에도 적용할 수 있다.

SE® 교육은 현재 일본 각지에서 진행되고 있으며, 교육 관련 정보는 SE® Japan[3]의 홈페이지에서 확인할 수 있다. 또한, 일본에서 SE®를 시행하고 있는 임상가 명단도 같은 홈페이지에 안내되어 있다.

DARe

SE®를 발달 트라우마에 적용하는 데에는 어려운 점이 하나 있다. 가해자가 모르는 사람이라면 '그만 해!'라고 말하며 밀쳐내거나 화를 내며 맞서 싸우는 반응을 재현할 수 있다. 관계가 깊지 않은 상대일 경우에는 싸우기/도망가기 반응을 표현하는 데 심리적인 저항이 적기 때문이다.

하지만 발달 트라우마의 경우, 가해자가 자신에게 소중한 사람일 경우가 많다. 그렇더라도 명백한 학대와 같은 심한 일을 겪은 경우, 세

3) 역자주: 국내 교육 정보는 한국트라우마치료교육연구회 홈페이지 http://krstte.org/ 에서 확인할 수 있다.

션 중이나 후에 부모를 때리는 동작을 하거나 말로 항의하는 표현을 통해 미완성된 자기방어 반응을 마무리할 수 있다.

그러나 발달 트라우마에서는 부모가 어느 정도 애정적으로 개입한 경우가 많아서, 부모를 부정하거나 화를 내는 것에 대해 저항이나 죄책감을 느끼게 된다. 그래서 단순히 분노를 표현하거나 때리는 동작으로는 해결되지 않을 때가 많다.

이러한 복잡한 상황에 대응하기 위해, SE® 트레이너인 다이앤 풀 헬러 박사(Diane Poole Heller)는 DARe[4]라는 접근을 개발했다. 이는 SE의 기법을 바탕으로 복잡한 발달 트라우마에 적용할 수 있는 방법이다.

발달 트라우마에는 상반된 두 가지 욕구가 공존한다. 하나는 부모를 밀쳐내고 도망치고 싶은 동물적인 본능, 또 하나는 '이 부모에게 버림받으면 나는 살 수 없다'라는 깊은 공포, 그리고 '사랑받고 싶다'라는 애착의 욕구이다. 둘 다 생존에 깊이 연결된 욕구이며, 서로 충돌하기 때문에 그 사이에 끼인 고통이 매우 크다. 그래서 풀 헬러 박사는 이 두 가지 상반되는 욕망 사이에 끼인 상태를 조심스럽게 풀어가는 방법을 DARe를 통해 제시했다.

현재 일본에서도 DARe의 교육이 진행되고 있으며, DARe 기법을 사용하는 임상가들이 소수지만 활동 중이다.[5]

---

4) 역자주: Dynamic Attachment Re-patterning experience, 역동적 애착 재구조 경험. The Power of Attachment가 『왜 내 사랑은 이렇게 힘들까』(유혜인 역 (2024), 멀리깊이)로 번역되어 있다.

5) 역자주: 국내에는 아직 DARe 교육이 도입되지 않았고, 일본에서 교육을 받은 치료사가 소수 있다.

조절의 리듬Rhythm of Regulation®

'조절의 리듬'은 공인 사회복지사인 데브 데이나(Deb Dana)가 트라우마 해소를 목표로 개발한 프로그램이다.[6] 다미주신경 이론을 바탕으로 내담자의 자율신경계 상태를 매핑하고, 조절을 방해하는 요소는 무엇인지, 안정을 촉진하는 자원은 무엇인지를 함께 탐색해 나간다. 안전한 환경을 바탕으로 호흡과 소리, 몸을 통한 신경계 조절 등 임상가가 활용할 수 있는 다양한 운동법을 다루고 있다. 이는 다미주신경 이론에 기반한 대표적인 치료법'으로 알려져 있다.

CRM(포괄적인 자원 모델)

CRM(Comprehensive Resource Model)은 심리학자 리사 슈워츠(Lisa Schwartz)가 개발한 모델이다. 이 모델은 특히 애착 형성 장애가 있는 발달 트라우마 내담자들의 경우 내적 자원이 부족해 심리치료 과정이 매우 어렵다는 점에 착안해 만들어졌다. CRM은 내적 자원을 체계적으로 구축하여 정말 어려운 트라우마도 회피하지 않고 마주할 수 있도록 돕는다. 이를 통해 트라우마로 인한 생기는 회피, 해리, 중독, 의존 등이 필요하지 않도록 하고, 내담자가 어린 시절에 가질 수 없었던 안정감과 내적 자원을 새롭게 형성할 수 있도록 하는 것을 목표로 한다.

---

6) Deb Dena의 책 Anchored: How to Befriend Your Nervous System Using Polyvagal Theory가 『다미주신경이론』(박도현 역 (2023), 불광출판사)으로 번역되어 있다.

CHAPTER 13

발달 트라우마로부터 자유로워지다

발달 트라우마 해소는 결코 쉽지 않다.

안타깝게도 발달 트라우마를 가진 사람은 '울며 겨자 먹기'처럼 신경계조차 안전하다고 느끼기 어려운 상태이다. 주변에 누군가 있다는 사실만으로도 위협을 느끼는 경향이 있어 이들을 대하는 데에는 충분한 기술과 지식이 필요하다. 치료사는 발달 트라우마를 가진 내담자가 배쪽 미주신경이 원만하게 발달하지 못한 상태이며, 신경수용의 균형이 깨져 있다는 점을 잘 이해하고 있어야 한다. 신경계에 대한 이러한 이해가 없이 치료가 진행되면, 아무리 노력해도 오히려 마음에 더 깊은 상처가 남게 될 수 있다.

앞서 언급했듯이, 나를 찾아오는 내담자 중에는 이미 여러 곳을 전전하며 상담을 받아본 사람들도 많다. 그 과정에서 이해받지 못한 채 상처를 입어 '이제 상담은 그만하자'라고 마음을 닫으려다 마지막 희망을 걸고 찾아오는 예도 있다.

그렇다고 해서 치료사를 탓할 수만은 없다. 이러한 신경계에 대한 개념 자체가 매우 새로운 것이기 때문이다. 다미주신경 이론은 일본에

서도 불과 몇 년 전부터 소개되기 시작했고, 아직 그 지식이 충분히 보급되어 있다고 보기 어렵다.[1)]

앞서 언급했듯이, 발달 트라우마를 가진 내담자는 치료사가 눈물을 흘리거나 격려를 해도 무반응이거나, 오히려 반발하는 모습을 보이기도 한다. 부드럽게 위로하려 해도 겹겹이 쌓인 힘든 경험들 때문에 좋은 것을 쉽게 믿지 못하는 경우가 많다. 마음을 열기 어렵고 방어적인 태도를 보이는 경우도 흔하다. 또한 신경계가 매우 예민한 상태이기 때문에 조금의 격려나 공감조차도 부담이 되어 우울해지거나, 화를 내거나, 갑자기 잠드는 반응을 보일 수도 있다. 치료사로서는 '밀어도 안 되고 당겨도 안 되는' 어려운 내담자처럼 느껴질 수 있다. 그래서 경험이 적은 치료사일수록 이런 내담자를 고집이 세고, 완고하며, 치료에 대한 저항이 강하고, 비협조적인 사람으로 오해하기 쉽다.

또한, 발달 트라우마를 가진 내담자는 근본적으로 자신이 틀렸고, 능력이 없고, 매력적이지 않으며, 뭘 해도 안 되는 존재라는 신경지각을 가진 경우가 많다. 이러한 지각은 명백히 인지적 왜곡을 수반하지만, 이는 본인이 선택해서 그렇게 생각하는 것이 아니라 신경계가 만들어낸 생존 기술이다. 어렸을 때부터 '나는 안전하다'라고 느껴본 적이 없었기 때문에, 왜곡된 자기 이미지가 형성된 것이다. 그래서 이들에게 아무리 이성적으로 "당신의 생각은 틀렸다"라고 말해도, "머리로는 이해하지만, 아침에 눈을 뜨면 또다시 '나는 못난 존재다'라는 생각에 짓눌립니다"라는 반응이 돌아오곤 한다. 치료사는 발달 트라우마를 가진 내담자를 어떻게 대해야 하는지, 특히 소매틱 접근에 대해 충분히 공부하고 이해할 필요가 있다.

---

1) 한국도 비슷한 상황이다.

'긍정적 사고'는 효과가 없을까?

"좋은 면을 보자", "부족한 것보다 내가 가진 것을 보자", "나는 할 수 있다" 같은 긍정적인 다짐을 반복하자는 말을 들을 때가 있다. 이러한 사고방식은 한때 유행했던 '긍정적 사고'라고 불린다. 조금 복잡한 이야기이지만, '긍정적 사고'와 '긍정심리학'은 이름은 비슷해 보여도 내용은 전혀 다르다. 긍정적 사고는 자기계발 분야에서 인기를 끌며 퍼졌지만 학술적인 연구는 그리 많지 않다. 반면 긍정심리학은 심리학의 한 분야로 자리를 잡으며 많은 연구가 이루어지고 있다.

물론 건강한 사람에게는 '생각을 전환해 좋은 면을 보려는 노력'이 효과적일 수 있다. 하지만 발달 트라우마를 가진 사람에게는 그렇게 쉽게 효과를 기대하기 어렵다. 좋은 면을 보면 기분이 나아지는 건 누구에게나 당연한 일이다. 하지만 지금까지 살펴본 것처럼 발달 트라우마를 가진 사람은 자신의 의지로 '어두운 면'이나 '위협'을 바라보는 것이 아니다. 특히 발달 트라우마의 경우, 오랜 시간 동안 신경계가 위협을 예민하게 감지하도록 형성되었다. 그래서 "밝은 세상을 보자"라고 아무리 권해도, 머리로는 이해하면서도 실행으로 옮기기가 쉽지 않다. 그리고 그게 잘되지 않아 오히려 자책에 빠지게 되면 오히려 역효과가 날 수 있다.

자신에게 능력이 있다는 것을 반복적으로 각인시키는 '긍정의 말'도 신경계가 비교적 안정된 사람에게는 효과적일 수 있지만, 배쪽 미주 신경계가 제대로 발달하지 못해 신경수용의 균형이 무너진 사람에게는 오히려 역효과를 낼 수 있다. 내장 상태는 불편한데 말로는 "나는 괜찮아"라고 반복하다 보면, 그 차이가 벌어져서 점점 더 지치게 된다.

11장에서 '세 가지 좋은 일'을 소개했다. 밤에 잠자리에 들기 전, 작은 일도 좋으니 그날 있었던 세 가지 좋은 일을 떠올려 보자는 시도이다. 이 방법은 학술적으로도 많은 연구가 이루어졌고, '효과가 있을 가능성이 크다'라는 결과가 여러 실험을 통해 보고되고 있다. 억지로 "힘내세요"라고 말하는 것과 하루를 마감하며 조용히 감사한 일을 떠올리는 것은 전혀 다르다. 발달 트라우마를 가진 사람에게는 작은 변화를 조금씩 반복하며 몸에 익혀 나가는 과정이 무엇보다 중요하다.

'마음챙김'도 주의가 필요하다.

'지금－여기에 의식을 집중하는' 방식으로 명상 등의 기법을 사용하는 '마음챙김'이 최근 크게 유행하고 있다. 집중력이 떨어지거나 싫은 생각이 반복될 때, 기분이 점점 나빠지는 악순환의 고리를 끊을 방법으로 주목받고 있다. 이 역시 어느 정도 심신이 안정된 사람에게는 훌륭한 기법이다. 하지만 발달 트라우마가 있는 사람이라면, 그냥 마음챙김을 시도하기에 앞서 자신의 상태를 충분히 점검해 보는 편이 좋다. 트라우마, 특히 발달 트라우마를 가진 사람은 신체 감각을 차단하려는 경향이 있다. 과거에 신체적으로 겪은 끔찍한 경험으로 인해 가능한 한 몸에 주의를 기울이지 않으려는 습관이 생겼기 때문이다. 가능하면 '지금－여기'를 느끼지 않으려 하며 살아가고 있다. 그런 상태에서 갑자기 신체에 집중하며 지금－여기에 머무르려 할 경우, 플래시백에 시달리거나 격렬한 반응이 일어날 수 있다. 혹은 심한 우울증에 빠질 가능성도 있다. 그래서 역시 트라우마를 가진 사람은 전문적인 트라우마 해소 치료를 받는 것이 바람직하다.

CHAPTER 14

트라우마 후 성장을 목표로

부모도 '발달장애'였나?

'발달장애'를 가진 성인이 주변에 다양한 파장을 일으킨다는 사실이 최근 주목받고 있다. 공감 능력이 부족하거나 충동 조절이 어려운 모습 등, 자녀를 키우는 처지에서 이해하기 어려운 행동을 보이는 부모들도 많다. 부모 자신도 부적절한 양육을 받은 경우라면 지금 자녀의 문제가 부모의 발달장애 때문인지, 아니면 그런 양육 환경에서 비롯된 발달 트라우마 때문인지 구별하기는 쉽지 않다. '우리 부모도 발달장애가 있었으니 어쩔 수 없었겠구나'라고 어느 정도 수긍하며 마음이 편해지는 사람이 있는가 하면, '그렇다고 내 마음의 상처가 치유되진 않아'라고 느끼는 사람도 있을 것이다.

그래서 이 책에서는 그런 판단이나 원인 분석보다는, 독자가 '그래서 내가 어릴 때부터 힘들었구나'라고 자신을 이해할 수 있도록 하였다. 부모가 발달장애였다는 사실 하나로 모든 것을 정리하기보다, 어떻게 그 괴로움에서 벗어나고 어떻게 자신만의 해답을 찾아갈 수 있을지 함께 모색해보고자 한다.

부모는 정말 잘못이 없는 걸까?

"발달 트라우마는 인류의 부정적 유산이다"라고 썼다. 누구의 잘못도 아니라는 말처럼 들려서 '그럼 그렇게까지 나를 아프게 한 부모에게는 정말 아무 책임도 없는 걸까?'라고 묻고 싶어질 수 있다. 물론, 누구나 스무 살이 넘으면 성인이고 자기 말과 행동을 책임져야 한다. 자신의 미숙함이나 감정을 아이에게 쏟아내는 것은 좋은 어른의 모습이라고 보기 어렵다. 부적절한 양육을 한 부모 역시 자신도 피해자일 수는 있지만 개인적인 책임이 전혀 없다고 할 수 없다. 그렇지만, 그에 대한 자각이 없는 부모와 직접 마주하며 문제를 풀려고 하면, 상황이 나아지기보다는 오히려 감정의 소용돌이가 더 깊어지는 경우가 많다. 그래서 혼자 감당하려 하기보다 전문가의 도움을 받으며 자신과 관계를 돌아보는 것이 중요하다.

부모와 직면하는 것이 꼭 필요한가?

심리치료사 중에는 부적절한 양육을 한 부모와 직접 대면하라고 권하는 이도 있다. 부모와의 인연을 끊어도 괜찮다고 말하는 치료자도 있다. 아니면, 부모 역시 치료의 대상이라고 보며 부모와 자녀의 관계 안에서 인내심을 가지고 함께 작업해 나가는 치료자도 있다. 입장과 방법은 사람마다 달라서 누가 옳고 그르다고 단정하기는 어렵다.

만약 부모가 치료에 기꺼이 협력해 준다면, 그것은 정말 고마운 일이다. 하지만 지금까지 많은 내담자를 만나왔지만 부모가 실제로 치료에 함께해 준 경우는 손에 꼽을 정도다. 개인적으론 솔직히 직접 대면하거나 맞서는 것을 권하지 않는다. 나와 함께한 내담자 중에도 부모와 대화를 시도한 이들이 있었다. 그들은 자신의 개인사를 돌아보고 내면의 통찰이 깊어져 어느 정도 힘을 되찾은 뒤, 마음속에 담아 두었던 말을 부모에게 전해보고 싶어 했다. 내담자들은 지금이야말로 부모가 들어주기를 바라고 의욕에 넘쳐 시도했지만, 그런 대화가 잘 풀린 경우는 많지 않았다. 오히려 큰 상처를 입고 돌아오는 경우가 더 많았다. 자신의 이야기를 전했지만 부모는 그것을 공격으로 받아들이고 되레 꾸짖거나 더 상처 주는 예도 있었다. 어떤 부모는 "내가 이 나이에 자식에게 이런 소리를 들어야 한다니!"라며 울음을 터뜨리기도 했고, 형제나 친척까지 끌어들여 더 큰 갈등으로 번지기도 했다.

부모의 이런 반응도 신경계의 관점에서 보면 이해에 도움이 된다. 부모의 배쪽 미주신경이 충분히 발달하지 않았거나 신경지각의 균형이 깨져 있으면, 조금 강한 말에도 '공격당했다'라고 느끼고 방어적으로 반응할 수밖에 없다. 이런 상태에서의 대화는 의미가 없고 오히려 마음의 상처가 깊어질 수 있으니 주의해야 한다. 그래서 몇 번의 세션만으로 성급히 '이제 부모와 대화하자'라며 나서기보다는, 우선은 차근차근 자기 회복의 길을 걷는 쪽을 더 권하고 싶다.

부모를 기쁘게 하기는 어렵다

문제가 있거나 부적절한 양육을 하는 부모라면, 자녀가 아무리 애써도 그 노력이 온전히 전해지기 어렵다. 신경계가 안정된 부모는 아이가 무엇인가를 해낼 때 자연스럽게 기뻐하고 지지해 준다. 하지만 배쪽 미주신경이 잘 발달하지 않아 교감신경의 흥분을 스스로 조절하기 어려운 부모는 늘 '싸우기/도망가기'의 긴장 상태나 얼어붙기 상태에 있다. '싸우기 상태'에 있는 부모는 자기 안에서 불쾌감이 올라올 때 아이에게 높은 기준과 과제를 요구하고 그것을 해내지 못하면 질책하거나 모욕감을 주기도 한다. 그런데 아이가 그 어려운 기준을 필사적인 노력으로 간신히 넘어섰을 때도 부모는 그것을 기쁨으로 느끼지 못한다. 오히려 그것을 '위협'으로 받아들이고, 자신이 공격당했다고 느끼기도 한다. '얼어붙기 상태'에 있는 부모에게는 작은 자극조차 위협으로 느껴진다. 그러니까 아이는 아무리 잘해도 부모를 기쁘게 하지 못하고, 못하면 비난받는 상황에 놓이게 된다. 그래서 부모를 기쁘게 하려는 노력에 에너지를 쏟기보다 자신이 건강해지고 회복되는 데 에너지를 쏟는 것을 추천한다.

'우주의 고아'

연목구어(緣木求魚), 나무에서 물고기를 찾는 게 무리인 것처럼, 방어 반응밖에 할 수 없는 부모에게서 사랑을 기대하는 건 참 어려운 일이다. 그보다는 바다와 산, 나무와 풀, 꽃과 동물, 친구들에게서 에너지를 받고 슬픔을 이겨내는 쪽이 더 나은 선택일 수 있다. 배쪽 미주신경계가 발달하지 않은 부모 아래서 자란 사람은 마치 '우주의 고아'가 된 듯한 느낌을 받을 수 있다. 하지만 너무 슬퍼할 필요는 없다. 우주는 생명으로 가득 차 있고, 그 속에서 우리는 다시 생명력을 얻고 꿈을 키워 갈 수 있다. 부모의 사랑을 받지 못했다고 해도 세상에는 부모 외에도 수많은 사랑이 존재한다. 부모는 당신이라는 존재를 세상에 태어나게 했다는 것만으로도 충분히 큰일을 한 것이다. 그것으로 충분하다. 이제 남은 것은 당신 자신이 행복해지는 일이다.

용서에 대하여

마음의 상처를 치유하는 과정에서 용서가 중요하다고들 말한다. 문제 있는 태도로 자녀를 대했던 부모를 용서할 수 있다면, 그건 분명 훌륭한 일이다. 하지만 행복해지려면 반드시 용서가 필요하다는 생각에는 동의하지 않는다. 내담자 중에는 부모로부터 심각한 학대를 경험한 이들이 있다. 그로 인해 인간관계가 어렵고, 건강을 해치기도 하며, 하고 싶은 일을 하지 못한 채 여러 장애를 겪으며 살아간다. 조금 단순하게 말하면 부모로 인해 행복하게 살 수 있는 기회를 빼앗긴 셈이다. 그런 사람에게, "부모도 힘들었을 테니 용서해야 해요"라고 말하는 것은 너무 성급하다. 그보다 먼저 자신이 잃은 것들을 충분히 슬퍼하고, 반복해서 울고, 절망을 말로 표현하며, 그것에 공감받는 과정이 필요하다. 이렇게 촘촘한 과정을 거쳐야 가슴 깊이 아렸던 고통이 조금씩 누그러지기 시작한다.

이런 과정은 보통 1~2년 정도 시간이 걸린다. 수십 년 동안 고통 속에 살아온 사람의 감정, 사고방식, 삶의 방향이 바뀌기까지는 그 정도의 시간이 필요하다. 치료사도 그 시간 동안 인내심을 가지고 내담자의 내면 여정을 함께 해야 한다. "이제 고민은 그만하고 다음 단계로 넘어가자"라고 재촉하면 오히려 2차 상처를 줄 수 있다. 사람마다 자기만의 속도가 있다. 그 속도를 존중받지 못한 채 서두르게 되면 회복은 더욱 어려워진다. 언제 끝날지 모르는 슬픔의 과정을 함께 하는 일은 치료사에게도 힘들다. 하지만 묵묵히 그 시간을 함께 견디다 보면 어느 날 내담자가 먼저 "뭐, 부모도 힘들어서 그랬겠죠"라고 말하는 순간이 찾아오기도 한다.

부모와 거리두기

부모와 어느 정도 거리를 둘 때 마음이 편한지는 사람마다 다르다. 어떤 사람은 부모의 호적에서 이름을 빼고 완전히 인연을 끊기도 한다. 그 정도는 아니더라도 부모와 연락하지 않거나, 부모님의 장례식에도 가지 않겠다고 마음먹는 사람도 있다. 지금은 연락을 끊고 살지만, 그래도 무슨 일이 생기면 달려가서 마지막은 지켜보겠다고 생각하는 이도 있다. 1년에 한 번만 얼굴을 보기로 정한 사람도 있고, 에너지가 많이 소모되긴 하지만 관계는 유지하되 불쾌한 일이 있으면 분명히 표현하고 그때그때 거리를 조절하겠다는 사람도 있다. 진심으로 부모가 싫고 더는 마주하고 싶지 않다는 이도 있고, 그런 부모에게 미움을 받는 것이 괴로워서 나름대로 잘 지내려 애쓰는 이도 있다. 부모를 좋아하는 마음과 싫고 미운 마음이 함께 하기도 한다. 그런 감정들은 언제나 얽히고설켜 있고, 시간에 따라 조금씩 바뀌기도 한다.

관계를 끊기로 마음을 다잡다가도 부모가 먼저 말을 걸면 괜히 기뻐서 다시 만나러 가는 사람도 많다. 그리고는 또다시, 자기중심적이고 배려 없는 부모의 모습에 실망하고 돌아온다. 씁쓸한 마음을 안고 있으면서도 여전히 부모에게 다정하게 대하는 이도 있다.

부모와 어떤 방식으로 거리를 둘지는 정해진 답이 없다. 내 생각에는 여러 가지를 시도해 보는 게 좋다. 시간이 흐르면서 자신 안의 치유가 깊어지는 것을 느끼고, 그에 맞춰 관계의 형태도 조금씩 바꾸어가면 좋을 것 같다.

기억나지 않게 되면 우선은 최고

나는 용서의 과정에서 나는 '잊었다' 내지는 '더 이상 떠오르지 않는다'라는 상태를 소중히 여긴다. 예수나 마더 테레사처럼 훌륭한 영성을 가진 이들이라면 자신에게 상처를 준 사람조차 온전히 용서할 수 있을지 모른다. 하지만 평범한 우리에게는 마음에 아픔이 남아 있는 한 용서는 쉽지 않다. 그래도 시간이 흐르면서 분명 고통이 조금씩 옅어지기는 한다. 억지로 용서하려 애쓰기보다, "그러고 보니 요즘은 엄마 생각이 잘 안 나네"라고 느낀다면 그 정도의 변화만으로 충분하다. 과거에 부모로부터 겪은 일이 반복해서 떠올라 괴로워하는 일이 줄어든다면 그 자체로 치료의 효과라고 할 수 있다.

한 내담자의 이야기가 기억에 남는다. 그 여성은 어머니에게 자기애적 인격장애가 있었던 것 같다고 했다. 어릴 때부터 오빠와 비교당하며 무능하다는 말로 무시당하는 환경에서 자랐다. 그녀는 자신감이 부족했고, 다른 사람이 행복해 보이면 질투심이 올라와 괴롭다고 했다. 그녀는 결국 어느 수녀님을 찾아가 이야기를 털어놓았다. 어머니의 여러 모습에 관해 이야기한 뒤, 그녀는 "성경에서는 용서하라고 하는데, 나는 이런 어머니를 어떻게 용서해야 할까요?"라고 물었다. 그러자 수녀님은 이렇게 답했다고 한다. "당신처럼 고통을 겪은 사람은, 이런 어머니를 억지로 용서하려고 하다간 오히려 무너질 수 있어요. 억지로 용서하려고 하지 마세요. 지금 당신은 어머니를 돌보고 있잖아요. 그걸로 충분합니다." 이처럼 고통을 깊이 이해하는 사람은 결코 용서를 강요하지 않는다. 아마도 그 수녀님은 아무도 모르는 곳에서 조용히 이 내담자의 평안을 위해 기도하고 있었을 것이다.

가끔 "나는 부모를 용서하고 다시 좋은 관계가 되었다"라며 "나도 했으니 당신도 해보라"라고 강요하는 사람도 있다. 정말 그렇다면 다행이지만, 자세히 들여다보면 그런 말을 하는 사람 자신이 오히려 해리 상태가 심해져 있을 때가 있다. 그래서 나는 용서를 서두르지 않아도 된다고 말하고 싶다. 누군가 조언해 오더라도 마음속에 저항감이 든다면 그 자리를 떠나고, 자신이 원하지 않은 일은 억지로 하지 않는 것이 중요하다.

발달 트라우마가 있는 사람일수록 자신이 무엇을 좋아하고 싫어하는지도 느끼지 못하는 상태일 때가 많다. 그런 감각을 천천히, 조심스럽게 회복해 나가는 과정이 필요하다. 그리고 그 길을 함께 걸어줄 치료자와 만날 수 있다면 더욱 좋을 것이다.

이성으로는 용서되지 않는다

용서를 서두르지 말아야 하는 데에는 또 하나 중요한 이유가 있다. 이렇게 깊은 고통을 '용서할 것인가, 말 것인가'의 문제는 이성만으로 판단할 수 있는 일이 아니다. 심한 대우나 폭언의 기억은 공포와 슬픔, 분노의 형태로 우리 몸에 깊이 새겨진다. 그리고 그것은 이성으로 제어할 수 없는 곳에서 갑자기 작동해 우리를 뒤흔들어 놓는다.

예를 들어, 거리를 걷다가 엄마를 닮은 사람을 보고 깜짝 놀랐다고 가정해 보자. 이성적으로는 다른 사람인 줄 알지만, 몸에 새겨진 기억 때문에 순간 몸이 먼저 반응한 것이다. 혹은, 남편이 화를 내기 시작하면 몸이 얼어붙고 얼굴이 굳어 아무 말도 할 수 없게 되는 사람이 있다. 사실 이 사람은 남편을 그렇게 두려워하지 않았다. 하지만 남편이 감정적으로 화를 내면, 어렸을 때 아버지에게 폭력적으로 훈육받았던 기억이 떠올라 과거의 공포가 현재처럼 되살아나는 것이다.

이렇게 몸이 먼저 반응하는 사람에게 가해자였던 아버지나 어머니를 이성으로 용서하라고 하는 건 사실 무리다. 몸은 여전히 공포와 분노, 슬픔을 생생하게 느끼고 있는데 이성으로 그 사람을 용서하라고 하면 우리는 갈등에 빠질 수밖에 없다.

부모에게서 당한 일이 좀처럼 머리에서 떠나지 않고 계속 생각이 나 괴로운 사람이 있다. 그런 사람에게 "그건 당신이 부모에게 집착하고 있어서 그래요", "사실은 부모를 사랑하는 거예요"라고 말하는 치료자가 있다면, 그 말에는 동의하기 어렵다. 가해 행위를 겪은 사람이 가해자에게 분노하고 용서할 수 없다고 느끼는 일은 매우 자연스러운 반응이다. 피해자가 가해자를 계속 떠올리는 이유가 그를 사랑하기 때문이라는 식의 해석은 지나친 억측이다. 어떻게든 부모와 화해시키려 하거나 '사실은 부모를 사랑하는 것'이라는 식으로 억지로 해결하려는 치료사가 있다면, 그런 치료사는 멀리하는 것이 좋다고 생각한다.

나는 전사다

앞서 말한 소매틱 접근을 통해 몸에 각인된 발달 트라우마가 점차 풀리면, 비슷한 장면을 마주쳐도 움찔하거나 도망치지 않고 당당하게 살아갈 수 있게 된다. 그렇게 되면 삶의 색채가 달라져 간다. 힘들었던 기억이 점차 흐려지고 그 기억을 잘 떠올리지 않게 되는 상태, 나는 그것이 넓은 의미의 '용서'라고 생각한다. 괴로웠던 일을 떠올리는 일이 줄어들고, 가끔 떠올라도 크게 고통스럽지 않고, 건강과 행복을 선택하고 행동할 수 있게 되었을 때, 우리는 더 이상 과거 트라우마의 노예가 아니라 스스로 삶을 만들어가는 존재가 된다. 흉터는 완전히 사라지지 않을지도 모른다. 하지만 흉터를 부끄러워할 필요는 없다. 상처를 입었지만 그런데도 '살겠다는 선택을 계속해 온' 나 자신이 고맙고, 감사하기도 하다. "나는 어릴 때부터 싸워왔다. 나는 생존자가 아니라, 전사다."라는 말이 있다. 당신은 아기였을 때부터 '살아가겠다'라는 의지를 품고 수많은 숭고한 싸움을 헤쳐 온 전사이다.

고민하는 것도 힘

내게 오는 내담자 대부분은 자신의 상태를 '부끄러워'한다. "일도 못 하는 나는 쓸모없는 사람이다", "밖에 나가지도 못하고, 사람 만나는 게 부끄럽다", "술(게임)에 빠진 내가 쓰레기 같다", "부모님께 폐만 끼치고 있다"라고 말한다. 하지만 이처럼 자신의 상태에 문제가 있다고 느끼는 것도 '힘'이다. 자신의 상태에 문제가 있다고 느끼는 사람은 그것을 어떻게든 바꾸고 싶다는 의지도 함께 갖고 있기 때문이다. 부적절한 양육을 했던 부모들을 떠올려 보면, 그들은 자신에게 문제가 있다는 점을 모른다. 어떤 관계에서든 일이 잘 풀리지 않으면 그건 모두 상대방 탓이다. 부모-자식 관계에서도 "자식에게 문제가 있다"라고 생각한다.

그래서 "나는 지금 좋은 상태가 아니다. 어떻게든 하고 싶다"라고 느끼는 건 정말 대단한 일이다. 그리고 그 깊은 '부끄러움'은 도망칠 수도 싸울 수도 없이 숨죽여 지내던 시절의 자취일 뿐이다. 그건 당신의 본질이 아니다. 나는 그것을 '트라우마의 꼬리'라고 부른다. 아직 그 꼬리가 조금 남아 있는 것이다. 당신의 본질은 어떤 순간에도 '살아가겠다'라고 선택해 온 숭고한 의식에 있다. 그런 당신의 생명력을 누군가는 '부끄럽다'라고 깎아내렸을지 모른다. 하지만 이제는 더 이상 그런 말들을 믿지 않아도 될 때가 왔다. 집이라는 좁은 세계 안에서 군림하던 그 무서운 남왕이나 여왕이 당신의 빛을 조롱했을지 모른다. 하지만 그 울타리 밖 세상에는 평범한 말이 통하는 사람이 더 많다. 이제 침착하게 도움을 요청하고 성장의 길을 걷기 시작하자.

트라우마 치료는 급수대

어느 내담자가 이런 말을 해준 적이 있다. "선생님이 계신 곳은 마라톤의 급수대예요. 조금만 더 가면 나만의 음료수를 받을 수 있을 것 같아요." 나는 그 말을 듣고, 단연코 명언이라고 생각했다.

치료사는 내담자와 함께 마라톤을 뛰는 사람이 아니라, 잠시나마 곁에 있어 주는 존재다. 소매틱 접근법을 훈련받은 치료사는 함께 하는 시간 동안 몸에 남은 트라우마 에너지를 조금씩 풀어낸다. 그리고 기도하는 마음으로 내담자를 다시 길 위로 내보낸다. 마라톤을 뛰는 이는 어디까지나 내담자이다. 발달 트라우마를 지닌 사람은 때로 깊은 고독 속에서 예민한 감각으로 심신의 고단함을 안고 살아간다. 그런 날들을 달리며 치료실이라는 급수대에서 잠시 숨을 고르고 다시 달려 나간다. 그 모습은 결코 피해자가 아니라 전사라고 나는 생각한다.

'멋지지 않다'는, 사실 '진짜 멋있다'는 뜻이다

심리치료나 트라우마 치료를 받는 것을 부끄러워하는 사람도 있다. 여성은 자기 고민을 털어놓는 데 비교적 거부감이 적지만, 남성은 그렇지 않은 경우가 많다. 치료를 받는 사람이 자신은 정신적으로 약하다거나, 불량품이나 패배자라고 느끼는 일도 있다. 그러나 자신의 상태에 문제를 느끼고 비용을 들여 전문가의 도움을 받는다는 것은 매우 현명하고 훌륭한 일이다. '멋지지 않다'고 느끼는 일이 사실은 '멋진' 것이다. 자신의 방식에 문제가 있다는 감각조차 없이 내면의 트라우마를 주변에 그대로 퍼뜨리는 사람도 있다. 그런 사람은 사회적으로 아무리 성공한 것처럼 보여도, '멋지다'라고 말할 수 없다. 그저 '인류의 부정적 유산'이라는 불에 기름을 붓고 있을 뿐이다. 자신의 소중한 에너지를 더 나은 방향으로 쓰기 위해서라도 트라우마 치유는 큰 도움이 된다.

눈에 보이는 것으로 판단하지 않기

발달 트라우마를 지닌 사람은 "나는 아무것도 할 수 없다", "인생에서 해낸 게 없다"라고 자책할 때가 많다. 실제 눈에 보이는 것만 보면, "몸이 아프다", "학교에 가지 못했다", "일을 못 한다", "연애도 못했다" 등 없고 안 되는 것 투성이일 수 있다. 다른 사람들이 0점에서 출발해 50점, 60점, 70점을 이루고 있는 것 같을 때, 자신은 10점밖에 안 되는 것처럼 보일 수 있다. 하지만 애초에 출발선이 다르다. 만약 누군가가 마이너스 100점에서 시작해 지금 10점에 도달했다면, 그는 이미 110점을 넘어 온 셈이다. 그건 엄청난 생존력이고 내면의 지혜가 빛나고 있다는 증거다. 나는 마이너스 100점에서 0점까지 올라온 그 여정은 '천국에 저축해 둔 것'이라 생각한다. 내담자들은 "언젠가 그걸 찾아 쓸 수 있으면 좋겠어요"라고 말하곤 한다. 나도 진심으로 바란다. 그 천국 통장을 이 세상에서 꺼내 쓸 수 있는 날이 꼭 오기를.

트라우마 이후의 성장

요즘은 익숙해진 PTSD라는 말은 '심리적 외상 후 스트레스 장애'라고 한다. 이와는 다른 개념으로 PTG, 즉 '트라우마 이후 성장(Post Traumatic Growth)'이라는 말도 있다.

신기하게도 끔찍한 트라우마를 겪고도 다시 일어선 사람들은 평범한 삶을 살아온 이들보다 더 큰 힘을 발휘하며 사회에 기여하기도 한다. 예를 들어, 제2차 세계대전 중 나치 수용소를 경험하고 훗날 『죽음의 수용소에서』를 쓴 정신과 의사 빅토르 프랭클, 27년간 수감 생활을 견딘 끝에 노벨평화상을 수상한 넬슨 만델라, 14년간 감옥에 있다가 우루과이 대통령이 된 호세 무히카 등이 있다. 무히카 대통령은 검소한 생활로 '세계에서 가장 가난한 대통령'으로 불리기도 했다.

이름이 알려지지 않았더라도 트라우마를 겪은 뒤 더 깊은 사랑과 연민으로 살아가게 된 사람들도 전 세계에 무수히 많을 것이다. 출처는 잊었지만, 한신·아와지 대지진[1] 당시의 한 이야기가 떠오른다. 무너진 집 안에 갇힌 어린 남자아이가 있었는데, 함께 있던 할머니는 구조될

1) 역자주: 1995년 1월 17일에 일어난 진도 7의 대지진으로 제2차 세계대전 이후 유례를 찾기 어려울 정도의 큰 피해를 줬다. 일본에서는 '효고현 남부 지진'으로 부르고, 우리나라에서는 '고베 대지진'으로 많이 알려져 있다.

때까지 아이를 안고 재미있는 옛이야기를 들려주었다고 한다. 이 할머니도 삶의 고통을 여러 차례 지나며 트라우마 이후의 성장을 이룬 사람이었는지 모른다.

죽음의 공포 앞에서도 아직 어리고 미성숙한 신경계를 지닌 아이를 따뜻하게 안아주고 쓰다듬으며 C−촉각 신경을 자극하고, 배쪽 미주신경을 통해 사회적 교류를 시도하며, 목소리의 운율로 공포에 반응해 싸우기−도망가기 반응을 일으키려는 교감신경계와 얼어붙으려는 등쪽 미주신경계를 진정시켰다. 아이의 신경지각은 할머니가 보낸 '안전 신호'를 제대로 받아들였고, 그렇게 공동 조율을 통해 아이의 PTSD는 예방될 수 있었다. 그리고 할머니는 아이를 돌봄으로써 자신의 PTSD 역시 예방할 수 있었다.

이처럼 인간은 몸에 내장된 다양한 기능을 활용해 서로에게 '우리는 안전하다'라는 신호를 주고받으며 신경계를 조율하고, 두려움의 충동을 진정시키며, 어려움을 성장의 자양분으로 삼아 살아남아 왔다. 이것이야말로 인류가 지금까지 생존해온 열쇠, 곧 '인류의 진정한 유산'이라 할 것이다.

물론 트라우마는 겪지 않는 게 가장 좋지만, 때로 우리의 의지와 상관없이 고통이 찾아온다. 그럴 때 그 고통이 헛되지 않기를, 무언가 헤아릴 수 없는 선물을 남기길 소망한다. 실제로 고통은 '트라우마 이후의 성장'이라는 또 다른 문을 열어주기도 한다. 이런 가능성이 현실이 되기 위해서는 트라우마와 발달 트라우마, 학대 등을 겪고 살아남은 이들이 자기 자신을 회복하고 성장해 나갈 수 있도록, 사회가 함께 뒷받침할 수 있는 체계를 갖추어야 할 것이다.

당신 잘못이 아니다

발달 트라우마를 지닌 사람들은 자기 삶이 힘든 이유가 '내가 잘못해서'라고 생각하곤 한다. 그러나 잘못된 것은 그 사람이 아니라, 그 사람이 아이였을 때 일어난 일들이다. 실패한 건 그 사람이 아니라, 그의 부모이다. 그리고 그 부모의 부모도 실패했다. 그 실패의 뿌리는 '인류의 부정적 유산'에 있다. 모든 아이는 원래 생기 넘치고 아름다운 존재이다. 하지만 부모가 내민, 자기 모습을 비추는 거울이 일그러져 있었다. 아이가 사랑받을 가치가 없었다기보다 부모가 사랑하는 법을 몰랐던 것이다.

그러나 정말 안타깝게도, 발달 트라우마를 가진 사람은 자신을 사랑하는 일을 그만두게 된다. 그렇게 실망한 아기는 다루기 어려운 아이가 되고, 혼란스러운 10대가 되며, 자기를 탓하거나 타인을 탓하며 괴로워하는 어른으로 성장한다. 삶의 기본적인 '기쁨'을 느끼기 어렵고, 타인과 신경계를 조율하며 함께하는 즐거움도 모르고, 자기의 섹슈얼리티를 받아들이지 못하며, 건강을 잃고 결국 삶마저 잃게 된다. 이런 사람들이 늘어날수록 세계는 점점 더 풍요로움보다는 고갈과 방어가 많아지게 된다.

'인류의 부정적 유산'을 끊어내기 위해

21세기에 들어서며 과학은 눈부시게 발전했고, 많은 질병도 치료할 수 있게 되었다. 그러나 동시에, 고성능 무기도 끝없이 만들어지고 있다. 군대에 자원하는 사람 중에 '학대나 부적절한 양육을 겪은, 발달 트라우마를 가진 이들의 비율이 높다'라는 보고도 있다. 성장 과정에서 상처를 입은 사람들, 혹은 대학 등록금을 마련해야 하는 청년들이 군에 들어가 다른 나라의 가난한 이들을 향해 수천만 원짜리 미사일을 쏘라는 명령을 받는다. 그 미사일의 희생자가 되는 이들은 여성이나 아이, 노인들일 때가 많다. 가해자도 피해자도 모두 사회적으로 취약한 위치에 놓인 이들이다. 그리고 그 미사일을 사는 데 드는 돈은 이들이 일하며 낸 세금에서 나온다.

그 돈으로 발달 트라우마를 치유하고, 대학 등록금을 지원하고, 굶주리는 이들에게 음식을 제공할 수는 없는 걸까? 나는 이처럼 더 나은 사회적 구조를 만들기 어렵게 만드는 근본적인 원인 역시 발달 트라우마에 있다고 생각한다.

발달 트라우마를 가진 채 공격성이 높아진 상태로 생존을 위한 엄청난 에너지에 휘둘리게 되면 '지금만, 돈만, 나만'이라는 충동에 빠져들기 쉽다. 우리가 사는 이 '고통의 세상'이 그렇게 만들어져 왔다. 이 엄청난 생존 에너지는 누구에게나 있다. 이 에너지를 잘 조율하여 공동의 행복을 위한 방향으로 이끌고 공존을 위한 힘으로 다스릴 수 있으려면, 배쪽 미주신경계를 통한 사회적 교류가 필요하다.

육아 중인 분들께

지금 이 책을 손에 들고 있는 독자는 아마도 육아나 심리학에 관심이 큰 사람일지 모른다. 혹은 자신이 어린 시절 경험한 일들이 마음에 걸려 이 책을 펼치게 되었을 수도 있다. 이 책은 부모에게 '제대로 양육하지 못했다'라는 죄책감을 주기 위해 쓰인 것이 아니다. 좋은 부모가 되기 위해 애쓰는 분들이 더 자책하게 된다면, 그것은 이 책의 의도가 아니다.

처음에 말했듯 이 책에서는 설명의 편의를 위해 '부모'라는 표현을 주로 사용하고 있지만, 이는 양육에 관여하는 모든 사람을 포괄하는 말이다. 아이를 키우는 일은 어머니 혼자 책임져야 할 일이 아니다. 아버지는 물론 가족, 친척, 지역사회, 국가까지 모두가 미래 세대의 행복에 책임이 있다. 어머니는 '인류의 부정적 유산'을 포함한 여러 영향을 받으며 아이를 키우고 있다. 그 자체로도 얼마나 벅찬 일인지 모른다. 그러니 자신을 탓하지 않기를 바란다. 사실, 자책하는 경향 자체가 발달 트라우마의 한 특징이기도 하다.

우선, '나는 어떻게 자라왔는가'를 하나의 축으로 볼 때, 만약 자신이 부적절한 양육으로 힘들다면 어떻게 해야 할까? 우선 이 책에서 소개한 여러 접근법을 시도해 보았으면 한다. 그리고 가능하다면, 좋은 치료자를 만나 상담을 받는 것도 추천한다. 또 다른 하나의 축은, 지금 내가 하는 '양육'이다. 혹시라도 "나는 아이를 잘못 키우고 있는 건 아닐까"라는 불안감이 든다면 육아 상담이나 심리 상담을 이용해 보는 것도 좋겠다. 하지만 "내 양육 방식이 괜찮은 걸까?"라고 스스로 돌아볼 수 있는 사람이라면, 실제로는 큰 문제가 없는 경우가 많다. 오히려 그러한 성찰 자체가 없는 사람이 문제를 더 많이 안고 있을 가능성이 크다.

주로 어머니인 양육자를 외롭게 만들지 않는 사회, 양육의 책임을 어머니 혼자에게 떠넘기지 않는 사회, 그리고 우리가 본래 가지고 있던 '함께 아이를 키우는 사회'가 되면 좋겠다. 그만 짜증이 나서 아이에게 화풀이하는 일은 누구에게나 일어난다. 그렇다고 그 아이들이 모두 트라우마를 겪는 것은 아니다. 아이를 키우고 있는 분들은 우선 어깨의 긴장을 조금 풀고 아이와 함께하는 시간을 즐길 수 있게 되기를 바란다. 한편, 이 책을 읽으며 자기 부모와의 관계를 돌아보고 "내게 발달 트라우마가 있을지도 모르겠다"라는 생각이 드는 이들도 있을 것이다. 그렇다면 건강과 행복을 향한 첫걸음을 내디뎌 보길 바란다.

새로운 지도 만들기

발달 트라우마를 포함한 모든 트라우마는 몸에 새겨진다는 이야기를 지금까지 해왔다. 작은 소리에도 숨을 죽인다, 부모의 눈치를 살핀다, 부모가 화를 내면 재빨리 사과한다, 싫어도 말로 표현하지 않는다, 괴로워도 그저 참는다, 기쁨을 겉으로 드러내지 않는다, 좋은 일이 일어날 거라 기대하지 않는다, 무작정 열심히 한다, 진짜 하고 싶은 일은 처음부터 포기한다, 누군가 불편한 얼굴을 하면 그건 다 내 탓인 것 같다, 비위를 맞춘다, 눈치를 본다 등 발달 트라우마를 지닌 사람들은 이런 반응을 어릴 적부터 몸에 익혔고, 위기 상황에서 반사적으로 그런 반응을 하게 된다. 케인과 테렐의 표현을 빌리자면, 이것이 바로 몸에 각인된 '오래된 트라우마의 지도'이다.

그 지도는 우리를 지켜주었다. 덕분에 밥을 먹고 어떻게든 살아남을 수 있었다. 다미주신경 이론을 제안한 포지스 박사는 "몸의 반응에 좋고 나쁨은 없다"라고 말한다. 몸은 그저 그 상황에서 가장 적응적으로 반응했을 뿐이라는 것이다. 즉, 발달 트라우마로 인해 신경생리학적으로 사람들과 잘 어울리지 못하는 상태가 되어 있다고 하더라도, 그것은 어려운 어린 시절을 버텨내기 위해 몸이 선택한 적응 전략이었다. 몸은 당신의 생명을 유지한다는 사명을 완수하기 위해 해야 할 일을 했을 뿐이다. 거기엔 옳고 그름은 없다.

하지만 그 '오래된 지도'만 계속 붙잡고 살아가면, 사람과 연결되기 어렵고 결국 행복해질 수 없다. 이제는 '새로운 지도'가 필요하다. 행복이 무엇인지 알지 못하면, 삶에서 무엇을 목표로 삼아야 할지도 모른다. 결국 우리는 더듬더듬 스스로 탐색하며 새로운 지도를 그려 나가야 한다. 다행히 지금은 다양한 정보를 쉽게 얻을 수 있는 시대이다. 좋은 책을 만나거나, 감동적인 영화를 보거나, 미술관에서 작품을 감상하고 정원에서 차를 마시고, 자연이나 동물과 교감하는 것처럼 혼자서 할 수 있는 작은 즐거움부터 시작해 보자. 그렇게 몸속 깊이 잠들어 있던 트라우마 에너지를 서서히 해소해 나가는 것이다. 좋은 치료자를 만나게 된다면 그 또한 큰 선물이다. 그러면 조금씩 혼자 있을 때 편안해지고, 결국에는 누군가와 함께 있을 때도 편안함을 느끼는 순간이 찾아오고 자신감이 생길 것이다.

자신감이 없거나, 자신을 탓하거나, 자아상이 부정적이라면, 대인관계가 잘되지 않거나 몸 상태가 좋지 않고 살기 어렵다고 느낀다면 발달 트라우마를 안고 있을 가능성이 있다. 지금의 당신 모습은 타고난 성격이라기보다는 자라온 환경 속에서 형성된 결과일지도 모른다. 밝은 면을 보려 해도 자꾸 어두운 생각에 빠져드는 것, 그것은 성격이 아니라 후천적으로 발달한 신경계의 경향성일 수 있다. 태어나면서 "인생의 어두운 면만 보며 살아가야지"라고 생각하는 아기는 없다. 만약 지금 삶이 힘겹게 느껴진다면, 그건 당신에게 무언가 좋지 않은 일이 일어났다는 뜻이다. 나는 오랫동안 같은 자리를 맴돌며 괴로워해 온 사람들이 그 긴 어두운 터널 끝에, 아주 작은 빛이라도 느낄 수 있기를 바라는 마음으로 이 책을 썼다. 이 책이 새로운 시선으로 자신을 바라보고, 지금까지 자신이 취해온 소매틱한 생존 전략을 긍정적으로 되짚어보며, 새로운 지도를 그려보고 싶다는 마음이 드는 계기가 되기를 바란다.

EPILOGUE

후기

2018년에 슈운쥬사(春秋社)에서 스티븐 포지스 박사의 『다미주신경 이론 입문』을 번역·출간했다. 아주 쉽게 쓰인 책이라 나로서는 “일본에 다미주신경 이론을 소개하는 사회적 책임은 다했다”라고, 어깨의 짐을 내려놓은 느낌이었다. 그러나 많은 치료사에게서 “이것도 여전히 일반인이 읽기에는 어렵다. 내담자를 위한 책이 필요하다”라는 말을 들었다. 그때부터 가능한 한 쉽고 일상의 언어로 된 책을 써야겠다는 마음이 싹텄다. 이번에 이처럼 『その生きづらさ、発達性トラウマ？ポリヴェーガル理論で考える解放のヒン(삶의 고단함, 발달 트라우마? 다미주신경이론으로 보는 해방의 힌트)』에 대해 쉬운 말로 쓴 책을 출간하게 되어 매우 기쁘고 또 감사한 마음이다.

책을 쓰고 나니 이 책에는 심리학과 신경생리학 등 학문뿐 아니라 내가 젊어서부터 관심을 가져온 인류학과 환갑을 맞은 지금 대학원에서 배우고 있는 건강심리학의 정보도 함께 담겼다는 사실을 새삼 깨달았다. 다미주신경 이론이 전하는 내용을 나 나름대로 다각적으로 곱씹어 보고 임상에 활용할 수 있는 아이디어로 연결해 보았다. 이 책에서 다미주신경 이론을 학문적으로 자세히 검토하려 한 것은 아니다. 앞으로 연구가 진전되어 새로운 발견이 나와 이 책에 대한 수정이 필요할 수도 있지만 현재로서는 최신의 정보를 바탕으로 집필하였다.

이 책은 사는 게 힘든 사람들을 위해 쓰였다. '살기 힘든' 이유에는 여러 가지가 있고, 발달 트라우마가 유일한 원인은 아닐 터이다. 발달 트라우마의 원인도 부적절한 양육 외에 다양한 요인이 복합적으로 작용한다. 하지만 나의 임상 경험에서 부적절한 양육으로 인해 발달 트라우마를 겪고 그로 인해 사는 게 힘든 사람들이 매우 많다는 점을 실감했다. 그래서 이 책은 부적절한 양육에 초점을 맞추어 논하였다.

학대를 경험한 분이 이 책을 읽고 "너무 미온적이다.", "우리의 고통은 이런 것이 아니다"라고 느낄 수도 있다. 학대의 영향은 심각해서 성인이 된 후에도 감정 조절 장애나 해리, 대인관계의 어려움 등이 크고, 참을 수 없는 고통 속에 살아가는 사람들도 있다.

여자 소년원에 수용된 소녀 중 상당수가 성적 학대를 경험했고 교도소 수감자 상당수가 어린 시절 학대를 경험했다는 보고도 있다. 학대는 세상에 대한 아이의 신뢰를 산산조각 내고, 성장할 힘을 뿌리째 빼앗으며, 이후의 삶을 뒤틀어 놓는다. 이들의 치유와 사회적 지원에 대해서는 앞으로 더 큰 노력이 필요하다.

한편, 내가 다루고 싶었던 대상은 좀 더 미묘하고 알기 어려운 영역에 있는 사람들이다. "생활에 부족함이 없었고, 학교도 다녔고, 학원이나 과외도 다녔다. 폭력도 특별히 없었다. 주위에서는 행복한 가정이라고 여겼고, 부모님께 감사하라는 말도 듣는다. 그런데 나는 왜 이렇게 힘든 걸까? 왜 나는 사회 활동도 못하고, 우울하고, 은둔하게 되는 걸까?" 혹은, "이렇게 노력하는데 왜 하루하루가 이렇게 힘들까?"라고 느끼는 사람이 매우 많으리라 생각한다.

이 책에서는 이러한 미묘하고 설명하기 어려운 영역에 빛을 비추고, 부적절한 양육이 어떤 그림자를 남기는지 다미주신경 이론을 바탕으로 풀어보았다. 나 자신이 느꼈던 고통이 부적절한 양육이라는 개념과 다미주신경 이론의 메커니즘을 알게 되었을 때 명확히 설명되었고, 이런 '이해'의 경험을 많은 이들과 나누고 싶었다.

이러한 고통은 몸에 새겨지기 때문에 앞으로는 소매틱 접근을 통해 몸에 각인된 트라우마를 해방하는 시대가 올 것이라 확신한다. 나 역시 앞으로도 일본에서 치료사를 대상으로 이런 교육을 계속해나갈 생각이다. 참고로 본서에 실린 사례 등은 내담자의 허락을 받아 게재하거나 여러 내담자에게 공통으로 나타나는 일정한 패턴을 뽑아 기술한 것으로, 어느 개인을 특정할 의도는 없다. 간혹 "내 이야기를 무단으로 썼다"라며 화를 내는 사람도 있을 수 있지만, 그건 그 사람의 상태가 전형적인 발달 트라우마의 특징을 보이는 것이라 이해해주면 감사하겠다. 개인의 사례를 허가 없이 인용하지는 않았다.

지금 나는 상대를 배려하는 언어를 구사할 수 있게 되었다. 하지만 그 대부분은 인생의 후반부에야 주변 사람이나 책, 영화, 연극 등에서 감동하고 의식적으로 익힌 것이다. 안타까운 일이지만 내가 자란 가정에서는 사람을 존중하는 대화가 오가지 않았다. 서로를 탓하고 조롱하는 말이 일상이었고, 부모가 하던 말을 친구에게 그대로 옮기면 반감을 샀다. 다행히도 내게 주의하라고 하는 친구들이 있었고, 덕분에 "아, 여기서는 이렇게 말하면 안 되는구나"라고 배워 나갔다. 공감이 부족하고 삭막했던 성장 과정에서 그리스도교의 가르침은 내 마음의 버팀목이 되어주었다. 물론 종교에 대해서는 다양한 견해가 있고 교회의 성직자들 역시 완벽하지 않다. 하지만 시대를 넘어 전해 내려온 주류 종교에는 보편적인 진리가 있다고 생각한다. 그리고 그곳에서 마음의 안식처를 찾는 것도 소중한 일이라고 생각한다. 여러 차례 죽음의 유혹에서 나를 구해준 것도 결국은 그리스도였다.

어느 해 크리스마스이브에 밤 미사를 마치고 차로 귀가하던 길이었다. 얼어붙을 듯 추운 밤이었다. 차를 몰고 가면서 문득, "트라우마를 풀어주는 일은 그리스도의 사랑을 모두에게 나누는 일이구나. 마치 촛불을 옆 사람과 나누는 것처럼"하는 생각이 들었다. 그 순간 갑자기 내비게이션에서 "오늘은 12월 24일, 크리스마스이브입니다"라는 음성이 나왔다. 보통은 시동을 걸 때 한 번 나오는 '오늘은 무슨 날'이라는 안내가 주행 중에 갑자기 나온 일은 이때뿐이었다. 기계 오작동이라고 할 수도 있겠지만, 내게는 그것이 하늘이 내린 계시처럼 느껴져 깊은 감동으로 다가왔다.

이 책이 현대인들이 안고 있는 고통을 조금이나마 설명하고 희망을 전할 수 있다면 더없는 기쁨이겠다.

마지막으로 다미주신경 이론을 세상에 내놓은 스티븐 포지스 박사께 깊이 감사드린다. 트라우마에 대한 깊은 통찰을 바탕으로 신체 중심 트라우마 치료법인 SE®를 개발하고 전문가 교육을 꾸준히 이어가고 계신 피터 레빈 박사께도 감사드린다. 신체심리학에 대한 폭넓은 지식을 나누고 지도해주신 사쿠라미린대학교 교양학부의 야마구치 하지메 교수께도 깊이 감사드린다.

아직 일본에서는 잘 알려지지 않았던 다미주신경 이론을 "반드시 일본에서 주목받을 것이다", "이 이론이 일본 사회를 바꿀 수 있다"는 나의 간절한 목소리에 귀 기울여 주고, 일본 최초로 『다미주신경 이론 입문』을 번역·출간하고, 여기에 졸저의 출간까지 흔쾌히 맡아주신 슌운샤에 감사드린다. 또한 『트라우마와 기억』과 『다미주신경 이론 입문』 번역 과정에서 적확한 지적으로 내용을 다듬어 주고 이 책의 집필까지 응원해준 편집자 데시마 토모코(手島朋子) 씨께 진심으로 감사드린다. 데시마 씨의 이해와 협력이 없었다면 이 책은 세상에 나오지 못했을 것이다.

언제나 뒤에서 묵묵히 저를 지지해주는 파트너 야마다 가쿠 씨에게도 감사를 전한다. 회사 운영은 물론 평소 집안일과 내 마음까지 돌봐주는 그는 내 인생의 '보이지 않는 일등 공신'이다. 또 이제는 자립해 자주 만나지 못하지만, 내가 하는 일을 이해하고 응원해주며 늘 밝게 희망을 주는 딸에게도 고마운 마음을 전한다.

그리고 마지막으로, 내담자 여러분께 깊이 감사드린다. 연구와 국내외 연수 등으로 늘 바쁘게 움직이는 저를 인내심 있게 따라와 주었고, 언제나 내게 큰 영감이 되어 주었다. 이 책 역시 여러분이 있었기에 쓸 수 있었다. 발달 트라우마로 인해 어린 시절을, 청춘을, 건강을 잃고, 자신의 운명과 싸우며 살고 계신 분들도 있다. 그런데도 "지금부터라도 달라지고 싶다"라는 열망을 품고 트라우마 해소를 위한 여정을 시작하셨다. 나는 그분들의 내면에 깃든 지혜와 드문 통찰력, 그리고 굳은 의지를 진심으로 존경한다.

어느 내담자가 이런 이야기를 들려주었다. 어느 날 밤, 그녀는 삶을 마감하기로 결심하고 많은 양의 약을 삼켰다고 한다. 정신을 차렸을 때 잠시 자신이 죽은 줄 알았다. 하지만 곧 자기 방 안임을 깨닫고 주변을 둘러보다 자신이 무의식중에 약을 토했다는 걸 알게 되었다. 그 순간 그녀는 "몸이 살고 싶어 한다"라는 느낌을 받았다고 한다. "몸이 살고 싶어 한다면, 내가 무언가를 해야겠구나"라는 생각으로 나를 찾아왔다고 한다. 이후 그녀는 상담을 통해 '새로운 지도'를 손에 넣으려 조금씩 걸어가고 있다. 어떤 일이 있어도 '살기'를 선택하는 몸의 지혜를 믿고, 미래에 희망을 느끼며 앞으로 나아가고 싶다.

2020년 10월의 길일

하나오카 치구사

용어 해설

다미주신경 이론

다미주신경(poly-vagal)은 '여러 개의 미주신경'을 뜻한다. 인간의 자율신경계는 교감신경계와 부교감신경계로 나뉘는데, 다미주신경 이론은 부교감신경계 안에 두 종류의 미주신경 복합체가 있다고 한다. 하나는 소화와 휴식을 담당하는 등쪽 미주신경 복합체이고, 다른 하나는 타인과의 관계를 촉진하는 배쪽 미주신경 복합체이다. 이 이론은 1994년에 미국 일리노이대학교의 스티븐 W. 포지스 박사가 제안하였으며, 뇌신경학과 정신의학에 새로운 관점을 제시하였다. 포유류에게는 다른 개체와 관계를 맺고 함께 살아가는 것이 필수적이며, 그것이 잘 이루어지지 않으면 정신적으로나 육체적으로 불건강이 나타난다고 한다.

부교감신경계 대부분을 차지하는 미주신경은 폐나 심장을 비롯한 많은 내장 기관들과 연결되어 있다. 전통적으로 자율신경계는 교감신경계와 부교감신경계라는 두 계통이 서로 보완하면서 생리적 균형(항상성)을 유지한다고 여겨져 왔다. 그러나 포지스 박사는 부교감신경계의 중심인 미주신경이 단일한 체계가 아니라, 두 가지 계통(등쪽과 배쪽 미주신경 복합체)으로 이루어져 있다는 점에 주목했다. 그는 이 두 종류의 부교감신경계와 기존의 교감신경계를 포함해 총 세 가지 신경계가 각각 고유의 기능을 지니며, 자율신경계 전체에 중요한 작용을 한다고 주장하였다. 전통적으로 교감신경계는 각성, 긴장, 흥분, 그리고 '싸우기/도망가기' 반응처럼 스트레스나 위협에 맞서기 위한 활성화 기능을 담당하는 반면 부교감신경계는 진정, 소화, 수면과 같은 회복과 휴식 상태를 조절하는 역할을 한다고 여겨졌다.

교감신경계는 생존에 필요한 음식을 구하거나 싸우거나 도망치는 등 생명 유지에 중요한 역할을 한다. 그러나 이러한 각성상태가 과도하고 장기화하면 오히려 스트레스 요인이 되기도 한다. 반대로 부교감신경계는 신체적·정신적 성장과 회복, 휴식을 촉진한다. 하지만 신생아의 생명을 위협하는 느린맥(심박수가 비정상적으로 느려지는 상태)이나 무호흡이 일어날 때도 부교감신경계가 활성화된다. 즉 부교감신경계의 모든 작용이 건강에 유익하거나 보호 기능을 하는 것은 아니라는 것이다. 포지스 박사는 이 '미주신경의 역설(Vagal Paradox)'에 주목하고, 왜 부교감신경계가 때로 건강에 부정적인 영향을 미치는지를 탐구하였다. 그 결과, 부교감신경계 대부분을 차지하는 미주신경에는 두 가지 신경계 네트워크가 있으며, 각각의 기능이 다르다는 사실을 발견했다.

신경세포는 주로 '수상돌기'라는 세포의 중심 부분과 '축삭'이라는 정보를 전달하는 긴 신경섬유로 이루어져 있다. 축삭에는 두 종류가 있는데, 하나는 '수초'라는 원통형 막으로 싸여 있고 다른 하나는 그런 보호막 없이 노출된 형태이다. 수초가 없는 것을 '무수신경', 수초로 덮여 있는 것을 '유수신경'이라고 한다. 유수신경은 전선이 보호용 비닐 절연 피복으로 덮인 것과 비슷하다. 하지만 전 구간이 연속해서 덮여 있지는 않고 마치 소시지처럼 일정한 간격을 두고 불연속적으로 싸여 있다. 이 절연막은 미엘린 수초라 불리는 절연성 인지질 구조물로, 전기 신호를 절연한다. 신경계 내에서 전기적 정보는 이 수초 구간을 뛰어넘어 전달되고, 이러한 구조 덕분에 유수신경은 정보 전달이 빠르다.

무수신경은 진화적으로 가장 먼저 형성된 원시적인 구조로, 정보 전달이 느리다. 반면 유수신경은 좀 더 진화된 고속 정보 전달 시스템이라 할 수 있다. 미주신경에도 무수신경과 유수신경이 있다.

등쪽 미주신경계는 무수신경으로 이뤄져 있고, 주로 횡격막 아래에 있는 내장 기관들을 조절한다. 반면 배쪽 미주신경계는 유수신경으로 구성되어 있고, 주로 횡격막 위의 기관과 얼굴 근육 등을 담당한다. 포지스 박사는 이처럼 미주신경 안에서도 원시적인 등쪽 미주신경계와 좀 더 진화된 배쪽 미주신경계의 기능과 역할이 다르다는 점에 주목했다. 그는 이러한 미주신경이 포유류에서 기능적으로 더욱 확대된 복합체로 작동한다고 보고, 각각을 등쪽 미주신경 복합체와 배쪽 미주신경 복합체라고 이름 붙였다.

지금까지 설명한 바와 같이, 자율신경계에는 진화적 계통발생의 흐름에 따라 오래된 순서대로 세 가지 계통이 존재한다. 가장 원시적인 것은 등쪽 미주신경계로 주로 횡격막 아래의 장기들과 연결되어 있으며, 소화와 흡수, 수면과 회복, 생식 등을 지원하는 생리적 상태를 일으킨다. 이 신경은 폐와 심장 일부에도 연결되어 있으며, 생명이 위협받는 상황에서는 산소 소비를 극단적으로 억제하는 느린맥이나 무호흡 상태를 일으킨다. 원시 어류 중 하나인 무악어류[1)]에는 이미 이 등쪽 미주신경계가 존재했던 것으로 알려져 있다. 그다음으로 경골어류(硬骨魚類)[2)]에서는 '교감신경계'가 발달하였다. 이 신경계는 활성화, 공격, 방어 등의 활발한 행동을 유도하는 생리적 상태를 만들어 낸다. 마지막으로 포유류의 출현과 함께 배쪽 미주신경계가 발달하게 되었으며, 이는 주로 횡격막 위의 장기들과 연결되어 있다. 특히 인간에게 이 계통은 표정, 눈 맞춤, 언어, 억양 등을 표현하거나 인식하는 사회적 교류 시스템으로 작동하며, 복잡한 사회적 상호작용과 유대 행동을 가능하게 하는 생리적 상태를 만들어 낸다.

포지스 박사는 인간이 위기 상황에 직면했을 때 진화의 과정의 역방향으로 대응한다고 보았다. 이는 '해체 이론(Devolution Theory)'에 기반한 관점이다. 이 '해체'라는 개념은 철학자 허버트 스펜서(Herbert Spencer)가 소개하고 이후 신경학자 존 휴링스 잭슨(John Hughlings Jackson)이 확장한 개념으로,

1) 턱이 없는 원시 어류를 일컫는 말이다. 먹장어, 칠성장어 등이 있다. – 위키피디아

2) 뼈의 일부 또는 전체가 딱딱한 뼈로 되어 있어 붙여진 명칭으로, 물에서 육지로 최초로 상륙한 척추동물의 조상으로 여겨지며 현재 일반적으로 말하는 물고기들의 대부분이 여기에 속한다. – 나무위키

뇌 손상이나 뇌 질환이 발생할 때 증상이 진화 방향과 반대로 나타난다고 주장한다. 다미주신경 이론도 이 해체 개념을 도입하여 생존 위기에 처했을 때 자율신경계가 계통 발생적으로 가장 최근에 발달한 기능부터 꺼지고, 좀 더 원시적인 신경계가 순차적으로 활성화된다고 설명한다.

인간은 위기 상황에서 배쪽 미주신경계가 가장 먼저 활성화되어 사회적 교류 시스템을 작동시키고 인간관계를 통해 상황을 해결하려고 시도한다. 말이나 표정 등을 통해 자신에게 적대적 의도가 없음을 전달하고 평화적으로 문제를 해결할 가능성을 모색하는 것이다. 하지만 이러한 대응으로도 문제가 해결되지 않고 위협이 점점 다가오면, 다음 단계로 교감신경계가 활성화된다. 그러면 신체는 활성화되어 '싸우기/도망가기 반응'을 뒷받침하는 생리적 상태가 유발된다. 이러한 교감신경계의 활성화마저 실패하고 생명의 위협이 극단적으로 고조되면, 진화적으로 가장 오래된 신경계인 등쪽 미주신경계가 작동하게 된다.

생명의 위협으로 등쪽 미주신경계가 극도로 활성화되면, 흔히 말하는 '부동화(immobilization)' 또는 '셧다운(shutdown, 차단)' 상태가 발생한다. 이때 몸은 움직일 수 없는 상태에 빠지고 동시에 심박수와 호흡이 급격히 저하되며 죽은 척하기 반응이 나타난다. 이는 고대의 무악어류에서도 관찰되는 가장 오래된 생존 방어 반응으로 여겨진다. 포지스 박사는 신생아의 무호흡 현상 역시 이러한 등쪽 미주신경계의 작용과 관련이 있다고 보았다. 이러한 해석은 앞서 언급한 '미주신경의 역설'에 대한 하나의 해답이 되었다.

포유류도 생명이 위협받는 극한 상황에 처하면 이러한 셧다운 또는 죽은 척하는 상태에 빠진다. 예를 들어, 초식동물이 포식자에게 공격당해 도저히 도망칠 수 없는 위기 상황이 되면 몸이 움직이지 않는 부동화 상태가 된다. 보통은 이 상태에서 잡아먹히지만, 드물게 운이 좋아 위기를 모면하게 되기도 한다. 그러면 몇 분간은 여전히 부동화 상태를 유지하다가 서서히 호흡이 돌아오고, 온몸이 떨린 후 교감신경계가 다시 활성화되어 움직일 수 있게 되면 도망친다. 이러한 죽은 척하기 반응에는 두 가지 생존상의 이점이 있다. 하나는 포식자가 해당 개체를 '먹이'로 인식하지 않을 가능성이다. 포식동물은 본능적으로 죽어 부패한 먹이를 피하는 경향이 있어 움직이지 않는 생명체에 흥미를 잃는 경우가 많다. 이 틈을 타 도망칠 수 있는 여지가 생기는 것이다. 또 하나는, 결국 포식자에게 잡아먹히게 되더라도 이 상태에서는 통증의 역치가 높아지고 의식 또한 해리 상태이기 때문에 고통을 거의 느끼지 않는다. 도망칠 수 없는 피식 동물에게 주어진 이 특성은 어쩌면 신의 자비라고도 할 수 있다.

'부동화', '느린맥', '무호흡'은 생존에 많은 양의 산소가 필요하지 않은 어류나 파충류에게는 효과적인 전략일 수 있다. 그러나 포유류는 생존을 위해 많은 양의 산소가 필요하고 저산소 상태가 지속되는 것 자체가 생명을 위협하게 된다. 따라서 등쪽 미주신경계가 지배하는 이러한 태고의 방어 반응은 포유류에게는 매우 제한된 시간 동안 생명을 지키기 위한 최후의 수단으로 작동한다.

사람은 보통 배쪽 미주신경 복합체, 등쪽 미주신경 복합체, 그리고 교감신경계가 각각의 상황(TPO: 시간 · 장소 · 상황)에 따라 복합적으로 활성화되거나 비활성화되면서 최적의 생리적 상태를 만들며 살아간다. 사회생활이 건강하게 유지될 때는 배쪽 미주신경 복합체가 가장 활성화되어, 자신도 온화하고 호감 가는 표정과 목소리의 억양으로 타인과 소통하고 동시에 상대의 친화적 신호를 정확히 인식하며 상호 교류를 이루게 된다. 그러나 어떤 이유로든 이러한 조화가 무너지고 평화로운 방식으로 문제를 해결할 수 없게 되면, 교감신경계가 활성화되어 '싸우기/도망가기' 반응을 일으키는 생리적 상태가 만들어진다. 그리고 싸울 수도 도망칠 수도 없는 절체절명의 위기가 닥치면 등쪽 미주신경 복합체가 지배하게 되어 '얼어붙기', '부동화', '해리'와 같은 반응이 일어난다. 즉, '죽은 척하기'라는 원시적인 위기 대응 전략이 발동되는 것이다.

그럼 이러한 신경계의 지배 전환은 어떻게 일어날까? 우리는 어떻게 주변 환경이나 상대가 안전한지 아니면 위험한지를 평가할까? 포지스 박사는 이러한 '안전'이나 '위험 수준'에 대한 평가는 대뇌 피질의 논리적 사고에 의한 것이 아니라, 변연계나 뇌간과 같은 훨씬 원시적인 뇌 구조에 의해 이루어진다고 본다. 이는 내장 감각이나 오감을 포함한 몸 수준에서 일어나며, 포지스 박사는 이를 신경지각(Neuroception)이라 이름 붙였다.

이처럼 생리 상태의 조절이 대뇌 신피질이 아닌 신경지각에 의해 본능적으로 이루어진다는 개념은 트라우마 연구에도 큰 영향을 미쳤다. 위기 상황에서 싸우거나 도망치지 못했을 때 트라우마 생존자들은 흔히 자신을 탓하거나 수치심을 느끼는 경향이 있다. 하지만 그러한 방어 반응의 선택이 의도적으로 이뤄진 게 아니라 신경지각에 따른 자동 반응이었다. 이런 이해는 트라우마 생존자들이 자기 경험에 대해 느끼는 낙인과 수치심을 덜어주며, 더 적극적으로 트라우마 해소 작업에 나설 수 있는 기반이 되어준다.

그런데 포지스 박사는 신경지각도 때로 오류를 일으킬 수 있다고 지적한다. 트라우마를 겪은 사람 중에는 안전한 환경에 있음에도 불구하고 항상 위험을 과도하게 해석하고 '과각성' 상태에서 '과민하게' 반응하는 경우가 많다. 이는 신경지각이 주변으로부터 '안전 신호'를 제대로 받지 못하는 상태로, 신경지각의 오작동이라 할 수 있다.

자율신경계

자율신경계는 우리가 의식하지 않아도 '자율적으로' 내장 활동, 혈액순환, 심장박동, 호흡, 소화, 발한, 체온 조절, 내분비 기능, 생식 기능, 대사 등 다양한 생리 기능을 조절한다. 지금까지 자율신경계는 교감신경계와 부교감신경계라는 두 개의 가지로 나뉘며, 이들이 서로 균형을 이루어 '항상성(homeostasis)'이라고 하는 최적의 상태를 유지한다고 여겨졌다. 그리고 이 두 가지 신경계의 운동 경로가 서로 반대되는 작용을 한다고 설명되었다. 하지만 포지스 박사는 이러한 이분법적 개념만으로는 내장 → 뇌로 정보를 전달하는 감각 경로, 그리고 내장과 뇌가 상호적으로 정보를 주고받는 경로, 나아가 이 감각 및 운동 경로를 모두 관장하는 뇌간에 대한 설명이 충분하지 않다고 보았다.

이에 그는 부교감신경계의 주요 구성요소인 미주신경에 주목하였다.

미주신경은 10번째 뇌신경으로, 뇌간과 여러 내장 기관을 연결한다. 다미주신경 이론에서는 이 미주신경 안에 서로 다른 두 종류의 원심성 운동 경로가 흐르고 있다는 점을 강조한다. 이 두 경로는 시작점이 각각 미주신경 등쪽핵과 의핵으로 다르다. 등쪽핵에서 기원하는 운동 경로는 무수신경으로 횡격막 아래의 내장 기관과 연결되어 있으며, 이를 횡격막하 미주신경이라고 부른다. 반면, 의핵에서 기원하는 운동 경로는 유수신경으로 횡격막 위의 내장 기관과 연결되어 있으며, 이를 횡격막상 미주신경이라고 한다.

포지스 박사는 배쪽 미주신경계의 조절하는 뇌간과 통합적 사회교류 시스템을 형성하는 '얼굴과 머리의 가로무늬근(표정근 등)'의 조절을 연관지어 논의한다. 기존에는 자율신경계가 내장 기관에 끼치는 영향만이 강조됐지만, 다미주신경 이론은 자율신경계의 반응성 자체를 중요시한다. 포지스 박사는 미주신경과 교감신경계가 서로 균형을 이루며 내장에 영향을 미친다는 기존의 설명도 수용하지만, 위기 상황에서 자율신경계의 하위 시스템은 앞서 말한 '해체' 이론을 따라 계통 발생적 순서를 진화의 반대 방향으로 작동한다고 주장한다.

특히 그는 배쪽 미주신경계에 주목하여, 이 신경이 원활하게 작동하고 그와 연결된 사회적 교류 시스템이 최적의 상태에 있을 때 자율신경계가 '건강', '성장', '회복'이 가능하도록 기능한다고 보았다. 배쪽 미주신경계가 우세한 상태에서는 교감신경계 및 횡격막 아래의 장기를 조절하는 등쪽 미주신경계까지 포함한 자율신경계의 균형이 최적의 상태로 유지된다. 그러나 배쪽 미주신경계가 제대로 기능하지 못하게 되면 자율신경계는 더 이상 '건강'이 아닌 '방어 상태'를 중심으로 작동하게 된다. 다미주신경 이론에서는 이 '방어 상태'에 두 가지 형태가 있다고 본다. 하나는 등쪽 미주신경계의 작용을 억제하고 교감신경계가 우세한 '싸우기/도망가기 반응'을 촉진하고 다른 하나는 교감신경계의 작용이 억제되고 등쪽 미주신경계가 급격히 우세해져 생물행동학적 '셧다운(shutdown)' 반응을 일으킨다. 이러한 반응은 흔히 '얼어붙기(freeze)'라

불리며, 마치 얼어붙은 것처럼 무반응 상태가 된다. 포유류가 이 셧다운 반응을 일으키면 실신하거나, 배뇨·배분을 하게 되거나, 운동 반응이 억제되어 일명 '죽은 척하기(의사 사망)' 상태가 된다.

교감신경계

교감신경계는 자율신경계의 두 주요 구성요소 중 하나로, 움직임, 즉 '활성화(가동화)'를 촉진한다. 심박수를 높이고 기관지를 확장하는 등 신진대사를 높이는 한편, 소화 활동은 억제하여 싸우거나 도망가기 반응을 가능하게 한다. 다미주신경 이론에서는 교감신경계가 이러한 움직임을 촉진하기 위해 심장의 혈류량을 증가시키는 기능을 한다고 본다. 이는 마치 자동차의 가속 페달처럼 신체를 활성화하는 작용이라 할 수 있다.

부교감신경계

부교감신경계는 자율신경계의 또 다른 구성요소이다. 이 부교감신경계의 핵심 신경 회로는 미주신경으로, 다미주신경 이론에서는 미주신경이 다시 배쪽 미주신경 복합체와 등쪽 미주신경 복합체로 구성된다고 본다. 다미주신경 이론에 따르면 부교감신경계는 주로 '건강', '성장', '회복'을 지원한다. 하지만 생명에 위협이 되는 상황에서는 방어 반응을 일으키며 건강 지향적 기능을 억제한다고 설명한다.

배쪽 미주신경 복합체

배쪽 미주신경 복합체는 부교감신경계의 일부로, 진화 과정에서 가장 최근에 형성되었다고 알려져 있다. 이 체계는 뇌간의 의핵에서 시작하여 심장, 기관지와 연결되며 얼굴과 머리의 '가로무늬근(표정근 등)'을 조절하는 일련의 신경계 복합체이다. 다미주신경 이론에서는 이 복합체가 인간이 서로의 표정과 양을 통해 소통하고 안전하다는 것을 전달하며 협력하여 살아가기 위해 필수적인 신경계로 사회적 유대 시스템을 담당한다고 본다.

등쪽 미주신경 복합체

등쪽 미주신경 복합체는 부교감신경계의 또 다른 구성요소로, 진화 과정에서 가장 오래된 신경계로 여겨진다. 이 체계는 뇌간의 등쪽 미주신경 운동핵과 '고속핵(孤束核)'[3]으로 구성되며, 횡격막 아래에 있는 내장 기관뿐만 아니라 심장, 폐, 기관지 등에도 연결되어 있다. 다미주신경 이론에서는 이 복합체가 평소에는 소화, 휴식, 회복을 담당하지만, 생명이 위협받는 상황에서는 얼어붙기 반응을 일으킨다고 한다.

신경지각

신경지각은 포지스 박사가 제안한 개념으로, 우리가 주변 환경이나 상대방의 상태를 무의식중에 평가하고 그에 따라 생리적 상태를 조절하는 신경계의 기능을 말한다. 신경계가 감지한 '안전하다', '위험하다', 혹은 '생명이 위협받고 있다'와 같은 신호에 따라 생리적 상태가 변화하고 그에 맞는 최적의 생존 반응을 선택하게 된다. 즉, 그 상황에서 타인과 좋은 관계를 맺는 것이 가장 적절한지, 아니면 싸우거나 도망가는 것이 나은지, 혹은 생명이 위협받는 극한 상황이므로 얼어붙기 반응을 취해야 하는지 등, 이러한 판단과 반응은 모두 무의식적으로 일어난다.

이러한 신경지각이 언제나 정확한 것은 아니다. 위험한 상황임에도 이를 안전하다고 오판할 수 있고, 반대로 안전한 상황에서도 위협으로 잘못 인식할 수 있다. 트라우마를 겪은 사람은 실제로는 안전한 환경에서도 과도하게 많은 위험 신호를 감지하여 경계하고 과민하게 반응하는 경향이 있으며, 반대로 실제 위험을 제대로 인식하지 못할 수도 있다.

트라우마

트라우마란 생명이 위협받는 등 충격적인 사건에 의해 마음에 깊은 상처를

---

3) 역자주: 고속핵(nucleus tractus solitarius, NTS)은 연수 미측의 등쪽 내측에 위치하여 압감수성 반사(baroreflex), 미각, 호흡 및 위운동 등에 관여한다.

입는 것을 말하며, 흔히 심리적 외상이라고도 한다. 한 번 발생한 비일상적인 사건이 원인일 수도 있지만, 일상적인 스트레스가 반복해서 축적되어도 트라우마가 생길 수 있다. 범죄, 사고, 재해, 전쟁, 성폭력 등으로 인한 생명의 위협은 대표적인 트라우마의 원인이며, 가족이나 소중한 사람이 위기에 처한 상황을 목격했거나 이들을 갑작스럽게 상실한 때도 트라우마가 유발될 수 있다. 신체 중심 트라우마 치료(SE®)를 개발한 피터 A. 레빈은 여기에 더해 의료 시술, 치과 치료 등 일상적인 경험도 트라우마가 될 수 있다고 본다. 그는 또한 실제로 일어난 위협뿐 아니라 위협으로 지각된 일도 트라우마를 유발할 수 있다고 지적한다. 즉, 텔레비전이나 인터넷 등에서 접한 정보나 본인이 주관적으로 '위험하다'라고 인식한 상황에서도 트라우마가 발생할 수 있다는 것이다. 트라우마가 생기면 그로 인한 다양한 심리적·신체적 이상 증상이 나타나고, 이러한 상태가 한 달 이상 지속되는 등 일정 기준을 충족하는 경우 'PTSD(외상 후 스트레스 장애)'로 진단된다.

발달 트라우마

정식 명칭은 '발달 트라우마 장애(Developmental Trauma Disorder)'로, 성장 과정에서 트라우마 경험을 반복적이고 만성적으로 겪음으로써 심신에 다양한 이상과 어려움이 나타나는 상태를 말한다. 증상의 양상에 따라 다양한 의학적 진단명이 붙기도 한다.

이 개념은 B. 반 데어 콜크(Bessel van der Kolk)에 의해 정의되었으며, 그가 제안한 'Developmental Trauma Disorder(DTD)'의 번역어이다.[4] 반 데어 콜크는 학대 등 만성적 트라우마 경험을 겪은 사람은 유아기부터 성인기까지 생애 전반에 걸쳐 다양한 증상을 보인다고 했다. 유아기에는 애착 장애나 발달 장애의 특성이 나타나고, 청소년기에는 해리 증상이나 행동장애가, 이후에

4) 출처: Van der Kolk, B. (2005). Developmental trauma disorder: Toward a rational diagnosis for children with complex trauma histories. Psychiatric Annals, 35(5), 401-408.

는 중독이나 양극성 장애 등의 정신질환으로 발전할 수 있다고 설명한다. 정신과 의사 스기야마 토시로(杉山登志郎)는 한 명의 아이가 성장하면서 다양한 진단 범주를 '건너뛰듯 이동하는' 이형적 연속성을 보인다고 지적하였다. 또한 의학 박사 토모다 아케미(友田明美)는 학대라는 트라우마가 뇌에 기질적·기능적 변화를 일으킨다고 보고하였다. 이 책에서는 특정한 연령대에 국한하지 않고 발달 과정 전체에서 겪는 트라우마를 모두 포괄하는 의미로 '발달 트라우마'라는 표현을 사용하였다.

발달 트라우마를 지닌 사람은 위협 상황에서 과도한 반응 상태에 빠지고 난 뒤에도 쉽게 평상시 상태로 돌아가지 못하며, 의식적으로 조절하려 해도 반응의 강도 자체를 통제하기 어려운 특징을 보인다. 또한 감정, 신체(생리적·운동적·의학적), 행동, 인지, 대인관계 전반에서 다양한 어려움을 겪기 쉽다. 자존감이 낮고 자기혐오나 자기 비난, 자책감을 자주 느끼며 타인을 신뢰하기 어렵지만 동시에 애정 결핍이 심해 부적절한 사람을 과도하게 믿는 등의 대인관계 문제가 발생할 수 있다. 감정 조절이 어려워 갑자기 분노를 폭발시키기도 하고, 공감 능력이 충분히 발달하지 않아 또래 관계 형성이 어려워 사회적으로 고립되기 쉽다. 신경계 상태는 과각성과 저각성, 혹은 그 사이를 오가는 불안정한 패턴을 보이고, 중독이나 자해, 과도한 자위 행동, 수면장애, 섭식장애 등 여러 문제가 동반되기 쉽다. 또한 소화기계나 순환기계에 문제가 생기거나 만성 통증이나 면역계 질환 등 다양한 신체 증상으로도 이어질 수 있다. 이 발달 트라우마 장애는 뒤에서 설명할 '복합 PTSD'와 제안자가 달라서 명칭이 다르고 진단 범위에 차이가 있지만 비슷한 문제를 다룬다고 보면 된다.

PTSD(외상 후 스트레스 장애)

트라우마 사건을 겪은 뒤 일상생활에 지장을 줄 정도의 여러 불편한 증상이나 상태, 행동이 나타나고, 일정한 의학적 기준을 충족할 때 PTSD로 진단한다. PTSD는 정신의학적으로 전쟁, 자연재해, 성폭력, 중증 외상, 심각한 사고 등 트라우마 사건을 경험한 이후 나타나는 다양한 증상에 따라 진단한다.

미국정신의학회의 진단 기준인 DSM과 세계보건기구(WHO)의 국제질병분류 체계인 ICD에서는 '무엇이 일어났는가'와 '그 후 어떤 증상이 나타났는가'에 따라 진단이 이루어진다.

다미주신경 이론에서는 트라우마를 사건 그 자체가 아니라 그 사건에 개인이 어떻게 반응했는가에 주목한다. 트라우마를 일으킬 가능성이 있는 사건이 발생하더라도 사람에 따라 반응은 크게 다를 수 있다. '회복탄력성(resilience)'이 높은 사람은 충격적인 사건에도 유연하게 대처할 수 있지만, 신경계의 조절 기능이 불안정하거나 회복탄력성이 낮은 사람은 비교적 사소한 사건에도 큰 영향을 받아 인생이 무너질 수도 있다. 이처럼 신경계의 반응성은 사람마다 매우 다르며, 다미주신경 이론에서는 생명의 위협에 직면했을 때 자율신경계의 신경 조절 상태가 어떻게 변화했는가에 주목한다. 이 이론에 따르면 PTSD와 그로 인한 다양한 증상들은 개인이 생명의 위협으로 인식한 사건을 경험한 후 사회적 교류 시스템이 기능을 상실하고 방어 반응을 수행하는 교감신경계 또는 등쪽 미주신경계가 과도하게 반응하는 상태라고 할 수 있다.

복합 PTSD(Complex PTSD)

복합성 PTSD는 주디스 허먼(Judith Herman)이 제안한 개념으로, 가정 내 폭력, 가정폭력, 학대, 집단 괴롭힘(이른바 '왕따') 등 벗어나기 힘든 상황 속에서 일상적으로 가해 행위가 반복되었을 때 나타나는 복잡한 트라우마 반응을 일컫는다. 국제질병분류 제11판(ICD-11)에서는 기본적인 PTSD 증상인 위협감, 재경험, 회피에 더해 부정적인 자기 인식, 감정 조절의 어려움, 대인관계의 문제가 복합성 PTSD의 핵심 증상으로 제시된다. 하지만 미국의 진단 기준인 DSM-5에는 복합 PTSD가 포함되어 있지 않다.

의료기관 등에서는 DSM의 PTSD 기준을 충족하지 않으면 트라우마로 보지 않는 경향이 있다. 하지만 최근에는 단발성 충격 사건뿐 아니라 생명에 직접 위협이 되지 않더라도 지속해서 반복되는 침습적 경험 때문에 트라우마가 생길 수 있다는 주장이 제기되고 있다. 복합성 PTSD는 우울, 불안, 공황, 해리, 중독, 자해, 섭식장애, 감정 조절 문제, 인격장애 등으로 발전할 수 있으며 자율신경계의 혼란과 면역력 저하, 나아가 신체질환에 대한 취약성이 커진다고 한다. 또한 중독, 의존증, 신체증상장애, 통증, 원인 불명의 신체 증상, 강박장애 등도 이와 관련되어 있다고 본다. 더불어 성적 일탈, 성행동 회피, 특이한 성적 지향 등 성적 혼란도 보고되고 있다. 면역계, 자율신경계에 '후성유전적(epigenetic)[5] 변화'를 가져올 가능성과 인격 형성, 사회성, 대인관계 능력에 영향을 미칠 수 있다는 지적도 나오고 있다.

플래시백

트라우마 경험이 있는 사람에게 갑자기 과거의 고통스러운 기억이 지금, 여기에서 일어나는 것처럼 생생하게 떠올라 고통을 주는 현상이다. 이는 PTSD나 급성 스트레스 장애의 대표 증상 중 하나이다. 강한 트라우마를 경험한 후 기억이 시간적 맥락 없이 갑작스럽게 떠오르거나 꿈에 반복적으로 나타나기도 한다. 다만, 트라우마 기억은 반드시 영상이나 소리로 선명하게 재현되는 것은 아니며 공포, 혼란 같은 감정이나 통증 등 신체감각이 갑작스럽고 충격적으로 몰려오는 방식으로 플래시백이 나타나기도 한다.

과각성

트라우마 경험 이후 신경계가 지나치게 예민해진 상태로, 교감신경계가 과활성화되어 항상 경계 모드가 켜져 있는 상태를 말한다. 이 때문에 작은 자극에도 과도하게 반응하며, 불안감과 긴장으로 인해 쉽게 진정되지 못하고, 수면에도 어려움을 겪는다. 대표적인 증상으로는 잠들기 힘들거나 자다가 자주 깨고, 신경과민, 짜증, 분노, 집중력 저하, 불안정한 몸짓, 과도한 경계심, 걱정, 공포, 놀람 반응, 과민 반응 등이 있다.

---

5) 역자주: 여기서 '후성'이란 타고난 유전자 이후에 형성된 것을 의미하며, 후성유전학은 후천적 경험이 유전자와 함께 작용해 생명체의 형질을 만들어 내는가를 연구하는 학문이다.

저각성

트라우마 경험 이후 멍한 상태가 지속되거나 주변에 대한 흥미를 잃고 무기력해지는 상태를 말한다. 이는 트라우마 재경험이나 과각성 상태를 피하려는 무의식적 반응이거나, 트라우마로 인해 교감신경계가 계속해서 과활성화된 끝에 등쪽 미주신경계의 셧다운이 발생해 생기는 현상이다. 감정 마비, 무표정, 멍한 상태가 나타나며 말이 없어지고 사람들과의 관계를 회피하게 된다. 전반적인 생활 의욕이 떨어지고, 식사나 목욕 같은 기본적인 일상생활도 어려워지며, 기억력과 집중력이 저하되고, 취미나 일에 관한 관심도 사라진다. 성적 활동에 관한 관심이나 의욕이 크게 저하되거나 완전히 사라지기도 한다.

아동학대

아동학대란 아이의 몸과 마음에 해를 끼치는 모든 행위를 포함하며, 아이의 필요를 무시하거나 방임하여 해를 가하는 것을 말한다. 신체적 학대, 심리적 학대, 성적 학대, 방임, 가정폭력 목격 등이 여기에 포함된다. 예를 들어, 보호자로부터 폭행(때리기, 발로 차기, 물건으로 때리기) 당하거나, 모욕적 언어나 위협을 듣는 경우, 부적절한 성적 접촉이나 강간을 당하는 경우, 음식을 주지 않거나, 씻기지 않거나, 교육이나 의료혜택을 받지 못하는 상황도 포함된다. 또한 보호자가 다른 성인에게 폭력·폭언을 당하는 장면을 아이가 반복적으로 목격하게 되는 것 역시 아동학대로 간주한다. 최근에는 교육적 학대, 즉 아이에게 과도한 기대를 걸고 공부나 운동 등을 강요하는 행위도 학대의 범주에 포함해야 한다는 논의가 있다. 또한 영유아의 보호자가 스마트폰이나 게임, 인터넷에 과몰입하여 아이에게 주의를 기울이지 못하는 디지털 방치도 문제시되고 있다.

부적절한 양육

일상에서 아이와의 상호작용이 부적절하게 반복해서 일어나는 경우를 말한다. 폭행이나 강간처럼 침습도가 높은 가해 행위인 '학대'보다도 더 광범위한 부적절한 관계 맺음을 가리키며, 아이의 건강한 발달이 저해하고 뇌에도 영향을 미친다는 사실이 알려지기 시작했다. 말로 위협하기, 조롱하기, 욕설, 무시하기, 아이 앞에서의 가정폭력, 아이 앞에서의 정서적 학대나 부부싸움, 형제간 가해 행위에 적절히 개입하지 않는 것, 부적절한 성적 접촉 모두 부적절한 양육에 포함된다. 공부나 운동을 강요하거나, 아이의 행동을 불건전하게 제한하는 것 등도 마찬가지다.

또한, 더 넓은 의미에서는 재해가 있을 때나 전쟁 상황에서의 혼란, 양육자와의 이별, 양육자가 자주 바뀌는 상황, 양육자의 질병 발생이나 입원, 아이 자신의 질병으로 인한 고통을 수반하는 의료 처치, 아이 자신의 입원으로 인한 가족과의 분리 등, 어떠한 사정으로 인해 아이에게 충분한 돌봄을 제공할 수 없는 경우에도 부적절한 양육이 발생할 수 있다.

공동 조절

사람과 사람이 서로 안전하다는 신호를 주고받으며 편안하게 관계를 맺고, 서로의 신경계를 진정시켜 심신의 상태를 최적의 상태로 이끄는 것을 말한다.

다미주신경 이론에서 공동 조절은 사람이 서로에게 안정감과 편안함을 느끼게 하는 신호를 주고받으면서 서로 생리적 상태를 조절하는 작용을 의미한다. 예를 들어, 어머니가 아기를 다정하게 안고 부드러운 목소리로 말하며 애정 어린 몸짓과 표정을 보여줄 때, 아기는 그것을 통해 진정한다. 그리고 아기가 진정되면, 거기에서 다시 엄마의 생리적 상태도 안정화된다. 이처럼 서로가 편안함과 안정감을 주고받으며 신경계가 조화롭게 최적 상태로 가는 과정을 공동 조절이라고 한다.

사회적 교류 시스템

다미주신경 이론에서 정의된 개념으로, 사람과 사회와의 관계 맺기를 지원하는 신체 시스템을 말한다. 포유류가 목소리, 표정, 몸짓 등을 통해 사회적으로 상호작용하도록 촉진하는 시스템이다. 여기에는 진화상 가장 나중에 발달한 배쪽 미주신경 복합체가 깊이 관여한다. 목과 머리를 움직이는 신경, 표정을 짓고 발성하는 신경, 삼키는 동작을 담당하는 신경 등이 함께 작용하면서 교감신경계와 등쪽 미주신경계 사이의 균형을 최적화된 상태로 조절한다. 사람은 목소리, 표정, 눈맞춤 등을 통해 안전과 우호의 신호를 보내고, 동시에 상대방으로부터의 신호를 감지하여 원활한 교류를 할 수 있게 된다.

자율신경계를 오케스트라에 비유하면 사회적 교류 시스템은 지휘자 역할을 한다. 이 시스템이 잘 작동할 때 사람은 심리적으로 안정감을 느끼고 타인과의 관계도 원활해지며, 내장 기관의 상태 역시 건강하게 유지된다. 신경계가 아직 충분히 발달하지 않은 아기는 양육자와의 '공동 조절'을 통해 점차 신경계를 성숙시켜 간다. 케인과 테렐(Kain & Terrell)은 어린 시절에 양육자와 적절한 관계를 형성하지 못하면 사회적 교류 시스템이 원만하게 발달하지 못하고, 사회 적응에 어려움을 겪으며, 이는 신체적·정신적 문제로 이어진다고 소매틱 관점에서 설명한다.

싸우기/도망가기 반응

'싸우거나 도망치기' 반응은 '활성화'를 수반하는 방어 반응이며, 이를 위해서는 교감신경계의 활성화가 필요하다. 배쪽 미주신경계가 억제되고 사회적 교류 시스템이 작동하지 않게 되면 교감신경계가 활성화되며 이에 따라 싸우기/도망가기 반응을 취할 수 있는 생리적 상태가 만들어진다.

얼어붙기

'얼어붙기'는 원시적인 방어 반응으로, 싸우는 것도 도망치는 것도 불가능할 때 심박수와 호흡이 극단적으로 저하되면서 신체가 움직이지 않게 되는 부동화 상태를 말한다. 진화의 관점에서 볼 때 이 얼어붙기 반응은 포유류가 등장하기 이전의 파충류나 양서류 같은 척추동물에게서 흔히 나타나 방어 반응이다. 포유류의 경우 혈액에 산소를 녹이는 능력이 떨어져 뇌에 산소가 충분히 전달되지 못하게 되면 얼어붙기 반응이 발생한다. 다미주신경 이론에서는 싸우거나 도망칠 수 없다고 판단되는 상황에서 얼어붙기 혹은 부동화라는 오래된 방어 시스템이 작동한다고 본다.

포유류에게 얼어붙기는 단기적인 생존 전략으로서는 적응적이지만, 위험이 사라진 이후에도 이러한 생리적 상태가 지속되면 건강이나 사회적 기능 면에서 여러 가지 문제를 일으킬 수 있다.

리스닝 프로젝트 프로토콜(Listening Project Protocol, LPP)

리스닝 프로젝트 프로토콜(LPP)은 포지스 박사가 개발한 체계로, 청각 과민 반응을 완화하고 생리적 상태를 안정시키며 사람과의 상호작용 기능을 높이도록 설계되었다. 헤드폰을 통해 소리를 듣는 방식으로 이루어지며, 이 개입 방법은 현재 '안전음 프로토콜(Safe and Sound Protocol, SSP)'이라고도 불린다.

LPP/SSP의 목적은 컴퓨터로 조절된 특정 주파수의 음악을 들음으로써 가운데귀 근육의 신경 제어를 활성화하고, 이를 통해 배쪽 미주신경계에 작용하여 자발적인 사회적 교류를 유도하는 데 있다. 이 개입은 하루 60분, 총 5일간 계속하여야 하며 MP3 플레이어나 아이팟 등으로도 청취할 수 있다. 이 훈련을 받는 동안에는 양육자나 치료자가 반드시 함께 있어야 하며, 조용하고 안전한 환경에서 듣는 것이 중요하다. SSP는 Integrated Listening Systems사에서 전문가를 대상으로 제공되고 있다.

- 관련 사이트(영문)
  https://integratedlistening.com/ssp-safe-sound-protocol/

놀이

다미주신경 이론에서 말하는 '놀이'란 서로의 심신 건강이 유지되는 상태를 함께 만들어가는 상호 교류의 행위로, '공동 조절'을 기반으로 한다.

상호 교류하는 놀이는 심신의 건강을 유지하는 최적의 생리적 상태를 만들어주기 때문에 공동 조정하는 '신경운동'으로 여겨진다. 신경운동으로서 놀이는 서로에게 안전함과 우호의 신호를 주고받으며 서로의 사회적 교류 시스템을 자극한다. 이에 따라 교감신경계의 과도한 활성화가 억제되고 공격적인 반응으로 전환되지 않도록 조절한다.

QR코드를 스캔하시면 참고문헌을 확인할 수 있습니다.

QR코드를 스캔하시면 참고문헌을 확인할 수 있습니다.

저자소개

하나오카 테레사 치구사_Chigusa Theresa Hanaoka

SE 임상가(SEP). 와세다대학교 교육학부 국어국문학과 졸업, 미국 미시간주립대학교 대학원 인류학 전공 석사 졸업, 대학원 인류학 전공 석사 과정 수료. 사쿠라미린대학 대학원 국제인문사회과학 전공 박사 과정 수료. 박사(학술). 공인 심리학자. 사단법인 일본 건강심리사. A급 영어 동시통역사, 일본건강심리학회 공인 전문건강심리학자. 역서로는 S. W. 포지스 『다미주신경 이론 입문』, D. 데이나 『치료를 위한 다미주신경 이론』. D. 데이나 『치료를 위한 다미주신경 이론』, P.A. 라빈 『트라우마와 기억』(이상 춘추사), 케인 & 테렐 『회복탄력성 기르기』(공역·이와사키학술출판사)가 있다.
국제멘탈피트니스연구소 대표(http://i-mental-fitness.co.jp/)

역자소개

백윤영미_가치성장과 치유센터 대표

국제 공인 내면가족시스템(IFS) 치료사이자 국내 IFS 치료사들에게 임상 슈퍼비전을 제공하는 컨설턴트다. 자신의 치유 경험을 바탕으로 내담자를 만나는 '상처 입은 치유자'로서, 특히 젠더 기반 폭력과 복합트라우마 치유에 집중하고 있다. 브레인스포팅, SE®(신체 기반 트라우마 치유), TRE®(Tension and Trauma Releasing Exercises, 긴장과 트라우마 해소 운동) 등 뇌과학과 소매틱에 기반한 접근법을 통합적으로 활용하여 트라우마 치유의 깊이를 더하고 있다. 최근에는 기후 위기가 초래하는 심리적 어려움에 주목하여 생태심리 분야의 통찰을 통합하고 있으며, 이를 바탕으로 상실된 연결 감각을 되살리고 공동체의 회복탄력성을 키우는 '재연결 작업(The Work That Reconnects)' 프로그램을 안내하고 있다.

함께 쓴 책으로 『페미니즘으로 다시 쓰는 옛이야기』가 있으며, 『모든 부분을 환영해!』, 『IFS 첫걸음, 내가 왜 그랬지?』를 우리말로 옮기고 『내 안의 가부장』, 『섭식장애를 위한 내면가족시스템치료(IFS)』 등을 공역했다.

장이정규_한국생태심리연구소 소장

천문학을 공부한 생태심리학자로 서울시립과학관과 노원우주학교(현 노원천문우주과학관) 관장을 지냈다. 생태심리학 입문 강의와 우주진화사를 생태전환의 세계관으로 전하는 일과 생태애도 및 '재연결작업' 워크숍을 진행하고 있다. 2013년에 신체감각치료(SE®)를 처음 접했고, 2016년 이후 국내 SE®와 감각운동심리치료(SP®)를 포함해 다양한 치유 분야의 국제 트레이닝 프로그램을 통역하고 있다. 저서로 『우주산책』이 있고, 『무언의 목소리』, 『섭식장애를 위한 내면가족시스템치료』, 『내 안의 가부장』 등을 공역하였다.

사는 게 왜 이리 힘들지? 다미주신경 이론으로 보는 발달 트라우마
その生きづらさ、発達性トラウマ？

초판발행 2025년 10월 17일

지은이 Chigusa Theresa Hanaoka
옮긴이 백윤영미·장이정규
펴낸이 노 현

편 집 전채린
표지디자인 BEN STORY
제 작 고철민·김원표

펴낸곳 ㈜ 피와이메이트
서울특별시 금천구 가산디지털2로 53, 210호(가산동, 한라시그마밸리)
등록 2014. 2. 12. 제2018-000080호
전 화 02)733-6771
f a x 02)736-4818
e-mail pys@pybook.co.kr
homepage www.pybook.co.kr
ISBN 979-11-7279-146-9 93180

정 가 13,000원

박영스토리는 박영사와 함께하는 브랜드입니다.